Oscar Eberhard Siegfried von Wächter

Wechselrecht des Norddeutschen Bundes

Und der allgemeinen deutschen Wechselordnung in den deutschen und deutsch-österreichischen Ländern

Oscar Eberhard Siegfried von Wächter

Wechselrecht des Norddeutschen Bundes
Und der allgemeinen deutschen Wechselordnung in den deutschen und deutsch-österreichischen Ländern

ISBN/EAN: 9783743669383

Hergestellt in Europa, USA, Kanada, Australien, Japan

Cover: Foto ©Suzi / pixelio.de

Weitere Bücher finden Sie auf **www.hansebooks.com**

§. 14.
Die dem Wechsel unterliegenden Verhältnisse.

I. Der Zweck, welchen die Tratte ausspricht, ist, dem Wechselnehmer die Zahlung bei dem Bezogenen zu verschaffen; erst in zweiter Linie, d. h. wenn jener Zweck nicht zu erreichen ist, soll das Wechselversprechen des Wechselgebers (des Trassanten oder Remittenten) wirksam werden. Neben jenem unmittelbaren Zwecke können aber noch die mannichfaltigsten anderen mittelbaren Zwecke und Absichten erreicht werden, so daß man jenen als den formalen, d. h. schon in der Wechselform gelegenen, unterscheiden kann von dem materialen, d. h. je nach Absicht der Kontrahenten wechselnden Zweck[1].

II. Das Geben eines Wechselversprechens oder eines Wechsels beruht in der Regel (abgesehen von den Fällen einer Schenkung u. dgl.) auf einer Rechtsverbindlichkeit oder einem verpflichtenden Rechtsgeschäft. z. B. einem Kauf, Tausch, Geben an Zahlungsstatt. Der Trassant ist etwa Schuldner des Remittenten, der Indossant Schuldner des Indossatars gewesen, und beabsichtigt nun mittelst des Wechsels die Schuld zu tilgen. Letztere selbst kann von den mannichfaltigsten Beziehungen herrühren, z. B. einem Verkauf von Waaren des Remittenten an den Trassanten, einem Darlehen des Indossatars an den Indossanten.

Ebensowohl aber kann es sein, daß durch Hingeben des Wechsels eine Verbindlichkeit des Nehmers erst begründet werden soll, indem z. B. der Trassant dem Remittenten die Wechselsumme als Darlehen geben will.

Wie zu dem Remittenten, so kann auch zu dem Bezogenen der

---

1) Der unmittelbare Zweck des Wechsels ist, ein Summenversprechen zu geben (§. 7). Ueber das Warum? giebt das Wechselpapier keine Auskunft. Für den Trassanten ist der unmittelbare Zweck, dem Remittenten die Wechselsumme bei dem Bezogenen zu verschaffen, und dieser Zweck prägt sich schon in der Wechselform aus. Der Grund aber, welcher ihn hiezu veranlaßt, kann sehr verschieden sein (z. B. eine Schuld an den Remittenten zu tilgen, diesem ein Darlehn zu geben, ein Diskontogeschäft zu machen u. s. f.), und dieser spezielle Grund bleibt außerhalb des Wechselpapiers.

Trassant in diesem oder jenem Rechtsverhältniß stehen, oder ein solches durch den Wechsel erst begründen; ähnlich ist es bei dem Nothadressaten.

III. Dergleichen Verhältnisse liegen aber **außerhalb des Wechsels**[2] und können daher wechselrechtlich nicht in Betracht kommen. Denn sonst würde die Leichtigkeit und Sicherheit des Wechselverkehrs in Frage gestellt, und der Wechsel wäre nicht mehr ein für sich bestehendes (selbstständiges) Rechtsverhältniß[3].

IV. Dieser Satz, daß nehmlich die außerhalb des Wechsels liegenden Verhältnisse bei Geltendmachung der Rechte aus dem Wechsel nicht beachtet werden, gilt unbedingt dem **dritten Inhaber** des Wechsels gegenüber. Wenn also z. B. der Trassant als Verkäufer von Waaren auf seinen Käufer trassirte, so kann der Acceptant sich nicht dem Remittenten gegenüber auf Gegenansprüche aus jenem Kauf berufen.

V. Allein eine andere Frage ist die nach der Wirkung des Wechsels auf das demselben zu Grund liegende oder zwischen Nehmer und Geber **unmittelbar** bestehende Verhältniß (vgl. Ziff. IX.)[4].

Hier ist namentlich die Erörterung wichtig, ob jenes Verhältniß durch den Wechsel und dessen Begebung (beziehungsweise Acceptation) aufgehoben und umgestaltet werde, d. h. ob der Wechsel eine **Novation bewirke**[5]. Wenn z. B. der Käufer einer Waare für den Betrag des Kaufpreises dem Verkäufer einen Wechsel ausstellt oder accep=

---

2) Der Wechsel kann **allen möglichen Verkehrszwecken**, wobei es sich um Geldsummen handelt, **dienen**, und braucht doch den einzelnen Zweck, welchem er wirklich dient, nicht zu verrathen. Thatsächlich nimmt der Wechsel bei seiner Entstehung und während seines Laufs die verschiedenartigsten Geschäfte in sich auf; aber man sieht ihm dieselben nicht an; in der Tratte, im Accept, im Giro, im Aval, werden diese Geschäfte **verdeckt** (Kuntze, Deutsches Wechselrecht S. 68).

3) Vgl. unten Ziff. VII.

4) Das unterliegende Verhältniß ist ohne Einfluß auf das **Recht aus dem Wechsel**; das Recht ist unabhängig von demselben vorhanden. Dadurch ist aber nicht ausgeschlossen, daß es von Einfluß auf die **Ausübung** des Rechts von Seiten eines bestimmten Nehmers sein und diesem eine **Einrede** geben kann. Vgl. Thöl W. R. §. 196.

5) Vgl. „Ueber Novation durch Wechsel oder über den Einfluß des Wechsels auf die unterliegende Verbindlichkeit" die Abhdl. von R. Schauberg in Goldschmidts Zeitschr. f. d. H. R. Bd. 11 S. 193—296.

tirt⁶, dieser aber nicht eingelöst wird, so entsteht die Frage: kann der Verkäufer auf seine ursprüngliche Forderung aus dem Kauf zurückgreifen und diese nun gegen den Verkäufer geltend machen? oder ist er lediglich auf seine Rechte aus dem Wechsel beschränkt, so, daß wenn dieser präjudizirt (vgl. §. 74) und nicht etwa ein Anspruch wegen Bereicherung durch das Wechselgeschäft (§. 83) statthaft ist, der Verkäufer keinen Anspruch an den Käufer mehr hat?

Wenn überhaupt ein Schuldner seinem Gläubiger einen Wechsel giebt, sei es zu dem Zweck, daß der Gläubiger vermehrte Sicherheit habe⁷, oder daß die Zahlung durch einen Andern geschehe, so erhebt sich die Frage, ob nun gar nicht mehr die ursprüngliche Schuldforderung, sondern nur die Wechselforderung besteht? Dieselbe Frage erhebt sich, wenn statt des Schuldners oder neben demselben ein Anderer zu jenen Zwecken ein Wechselversprechen giebt.

Wäre der Wechsel als eine Art Papiergeld aufzufassen, so müßte mit dessen Hingabe und vorbehaltsloser Empfangnahme das alte Schuldverhältniß als getilgt erscheinen, und, wenn späterhin das Zahlungsmittel sich als ein schlechtes herausstellte, so könnte damit doch das alte Verhältniß nicht wieder aufleben. Nun ist aber der Wechsel kein Papiergeld, und es kann daher seine Hingabe nicht einfach als Zahlung aufgefaßt werden⁸.

Allgemeiner Grundsatz bei Schuldverbindlichkeiten ist, daß eine Novation nicht anders anzunehmen ist, als wenn eine dahin gehende Willenserklärung vorliegt. Da nun die Wechselerklärung an und für sich nur die Ertheilung eines Versprechens enthält, nicht aber die Aufhebung des ursprünglichen Schuldverhältnisses, so wird die Frage, ob das Wechselversprechen eine Novation bewirke, zu verneinen sein, soferne nehmlich nicht noch eine weitere dießfällige Vereinbarung hinzutritt⁹.

---

6) Ueber die Novation durch Accept vgl. §. 18 Ziff. IV.

7) Ein Wechsel kann auch gegeben werden gerade um das ursprüngliche Schuldverhältniß fortdauern zu lassen und etwa sicher zu stellen. So nach einer Entscheidung des O. A. G. zu Lübeck (15. Dez. 1860) in einem Falle, da für ein Bürgschaftsversprechen an die Stelle der abgelaufenen Wechsel neue gegeben wurden; deren Accept galt als auf Grund des ursprünglichen Uebereinkommens gegeben. Goldschmidts Zeitschr. f. d. H. R. Bd. 8 S. 148—152.

8) Vgl. §. 7 Ziff. I.

9) Vgl. Borchardt A. D. W. O. 5. Aufl. Zus. 650 f.; Goldschmidt Zeitschr. f. d. H. R. Bd. 13 S. 323. Württ. Arch. Bd. 11 S. 150.

Es bestehen also **neben einander** die Wechselforderung und die Schuldforderung; der Gläubiger hat in Ermanglung einer anderen Verabredung zwischen beiden die Wahl, insolange er nicht aus der einen von beiden befriedigt worden ist [10]. Wenn das Wechselversprechen

---

Wenn das Wechselgeschäft **einem bestimmten einzelnen Geschäftsgrunde dient**, so ist es:

1. entweder die Absicht der Parteien, durch Ausstellung, Acceptirung oder Girirung des Wechsels dem Grundverhältniß, welches unangetastet bestehen soll, nur eine wechselmäßige **Befestigung und Stütze** zu verschaffen; solchenfalls besitzt der Berechtigte für Eine Forderung zwei Klagrechte, und hat im Zweifel die Wahl zwischen beiden. Dies ist im Verkehr unter (nicht kaufmännischen) **Privaten** das vorwiegende Motiv.

2. Es kann aber auch in der Absicht der Geschäftsinteressenten liegen, mittelst des Wechsels das Grundverhältniß **abzumachen** (zu erledigen) und mithin die Wechselobligation geradezu an die Stelle der alten Schuld treten zu lassen, so daß diese dadurch erlöschen und nicht mehr auf sie zurückgegangen werden soll. Diese Absicht liegt namentlich im eigentlichen **Handelsverkehr** dann vor, wenn der Wechsel als negoziables Papier gegeben und genommen ist. (Kuntze, Deutsches Wechselrecht S. 73.)

10) Eine **Waarenschuld** ist durch Hingabe und Annahme von Wechseln nur dann als getilgt (oder novirt) anzunehmen, wenn dies der klare Wille der Kontrahenten ist, sei es nach ausdrücklichem oder nach stillschweigendem, aus den Umständen sich ergebendem Uebereinkommen. Centralorg. f. d. H. R. Bd. 4 S. 278.

Das O. Trib. zu Berlin hat (30. April 1861) ausgesprochen: die **Kreditirung** des Wechsels von Seiten des Nehmers auf dem dem Schuldner in den Büchern eröffneten Conto erfolgt kaufmännisch nur in der **Voraussetzung des Einganges und des Behaltens des Wechselbetrages**. Daher ist in dieser Kreditirung des über eine Waarenschuld ausgestellten Wechsels für sich allein noch **keine Novation** des letzteren enthalten. — Die **weitere Girirung des Wechsels** durch den Nehmer steht nur unter der Voraussetzung der Zahlung gleich, daß der Nehmer die Girovaluta definitiv behält und sie nicht etwa im Wege des Wechselregresses zurückzahlen muß. Archiv f. d. W. R. Bd. 11 S. 104. Vgl. Gutachten der Handelskammer zu Frankfurt a./M. vom 24. Juli 1858 in Goldschmidts Zeitschr. f. d. H. R. Bd. 4 S. 165 No. 19. Vgl. auch Centralorg. f. d. H. R. Bd. 2 S. 115 u. S. 414.

Wenn jemand (um sich nach Eingang für ein Waarenguthaben bezahlt zu machen) einen Wechsel zum **Inkasso** erhält, so genügt er den ihm als Mandatar obliegenden Verpflichtungen, wenn er nach erhobenem Proteste M. Z. seinem Mandanten den Wechsel nebst Protest als uneinziehbar übersendet; er begeht keine ihn zum Ersatz verpflichtende Nachlässigkeit, wenn er den Wechsel und Protest zur Verfügung des Mandanten hält, nachdem **dieser** unter nichtigen Vorwänden seine **Verpflichtung zur Zurücknahme bestreitend**, jene zurückgesendet

erfüllt ist, so erscheint nun der Gläubiger auch wegen der Schuldforderung befriedigt, aber nur so weit, als der Betrag der dem Gläubiger gezahlten Wechselsumme (oder Regreßsumme) reicht; denn diese Befriedigung war der Zweck des Wechselversprechens.

Inzwischen kann der Nehmer des Wechsels insolange nicht auf das ursprüngliche Schuldverhältniß zurückgreifen, als nicht feststeht, daß der Wechsel nicht zur Befriedigung führt[11].

Wenn der Gläubiger die Schuldforderung geltend macht, so ist er verpflichtet, gegen die Zahlung der Schuldsumme den Wechsel zurückzugeben, oder, wenn er dieses nicht kann, eine Sicherheit zu bestellen, vermittelst welcher die Wechselschuld, wenn sie von anderer Seite (von einem Nachmann des Gläubigers) geltend gemacht wird, rechtzeitig bezahlt werden kann[12].

---

hat. Hatte der Indossatar den Wechsel nicht in Zahlung genommen, so kann er auf seine Waarenforderung zurückgreifen. Löhr Centralorg. f. d. H. R. Bd. 3 S. 280.

11) Wenn auch in dem Ausstellen, beziehungsweise Begeben eines Wechsels für eine Waarenschuld an sich weder eine Zahlung noch eine Novation gelegen ist, so hat doch der Nehmer die Verpflichtung übernommen, für den entsprechenden Betrag der Waarenschuld zunächst aus dem Wechsel seine Befriedigung zu suchen. Sein Recht, die Waarenforderung geltend zu machen, lebt erst dann wieder auf, wenn es sich zeigt, daß der Wechsel nicht bezahlt werde. Löhr Centralorg. Bd. 3 S. 281.

Ein zu Erfüllung einer Handelsobligation gemachtes Wechselgeschäft suspendirt die Geltendmachung der (Handels-) Obligation und enthält also insoferne bereits eine bedingte Tilgung der letzteren. Darum kann vor definitiver Lösung der durch das Wechselgeschäft begründeten Beziehungen von der ursprünglichen Obligation kein Gebrauch gemacht werden. Erst wenn der Versuch, durch den Wechsel Zahlung zu erlangen, definitiv gescheitert ist, lebt die alte Obligation wieder auf. Centralorg. f. d. H. R. von Löhr. Bd. 2 S. 460 u. 461.

12) Der Käufer, welcher über die Waarenschuld dem Verkäufer ein Accept gegeben, unter der Verabredung, daß Letzterer durch Hinzufügung seiner Namensunterschrift dasselbe zu einem giltigen Wechsel machen solle, ist, wenn der Verkäufer das seinerseits nicht ausgefüllte Accept hiernächst verloren hat, nur dann Zahlung der Waarenschuld zu leisten verpflichtet, wenn ihm der Nachweis geführt wird, daß das Accept nicht mehr existire, oder daß ihm aus demselben kein Nachtheil erwachsen könne, oder wenn der Verkäufer ihn gegen jeden möglichen Nachtheil sicher stellt. (Erk. d. O. Trib. zu Berlin vom 9. März 1865.) Archiv f. d. W. R. Bd. 15 S. 327.

Die Vereinbarung einer **Novation**, die **Erklärung**, es solle das alte Schuldverhältniß schon sofort mittelst der Hingabe des Wechsels aufgehoben sein, kann eine ausdrückliche, sie kann aber auch eine **stillschweigende** sein. Sie wird z. B. darin liegen, wenn der Gläubiger seinem Schuldner gegen das Wechselversprechen eine Quittung über die alte Schuld giebt; denn sonst erschiene die Quittung bedeutungslos. Ebenso liegt eine **Annahme** des Wechsels an **Zahlungsstatt** darin, wenn der Empfänger des Wechsels diesen durch ordentliches Giro erhielt und nun über denselben durch Girirung **disponirt** [13].

VI. Der Wechsel kann auch als **Waare** in Betracht kommen, und wie eine Waare Gegenstand des Handels sein. Es findet ein gewerbsmäßiger Umsatz in Wechseln statt, indem z. B. ein Bankier den von ihm genommenen Tratten durch sein Indossament Aufnahme im Verkehr verschafft, und seine Rechnung bei dem Kurs des Wechsels findet. Ein solcher Umsatz kommt namentlich auch im Diskontiren von Wechseln (§. 73) vor.

Diese Benutzungsweise des Wechsels verändert keineswegs dessen rechtliche Natur. Der Bankier, oder Derjenige, welcher nur wegen des Diskonts den Wechsel begiebt, hat aus dem Wechsel dieselben Verbindlichkeiten wie der Waarenschuldner, welcher den Wechsel an seinen Gläubiger indossirte [14].

VII. Das dem Wechselversprechen (dem Geben und Nehmen von Tratte, Indossament, Accept) unterliegende Verhältniß ist entweder **Valuten-** oder **Deckungs-Verhältniß**, ersteres wenn Trassant oder Indossant dem Remittenten oder Indossatar, letzteres wenn der Bezogene, Nothadressat, Domiziliat, Ehrenacceptant dem Aussteller von Wechsel oder Nothadresse oder dem Honoraten gegenüber in Betracht kommt [15].

Das Deckungs-Verhältniß besteht entweder zwischen dem Bezo-

---

13) Vgl. Centralorg. f. d. H. R. von Löhr. Bd. 2 S. 294.

14) Vgl. Anm. 9. Wenn ich von dem Bankier eine Tratte kaufe, die er durch **ordentliches** Giro auf mich überträgt, so übernimmt er zugleich das Delkredere, die wechselmäßige Garantie für den richtigen Eingang des Wechsels. Würde er mir das Papier hingegen mittelst eines Indossamentes ohne Obligo oder mit Blankogiro eines Dritten übergeben, so bliebe er außerhalb des **Wechselverbandes**.

15) Vgl. §. 19. 20.

genen und dem Aussteller, oder zwischen jenem und einem Dritten; letzteres ist der Fall bei dem Wechsel für fremde Rechnung und bei der Intervention von Seiten des Bezogenen [16].

Das Valutenverhältniß ist bei jeder Begebung des Wechsels ein neues: anders zwischen dem Trassanten und Remittenten, anders zwischen Indossanten und Indossatar, und so fort bei jedem neuen Indossamente. Der folgende Nehmer wird von dem Verhältniß des früheren Nehmers zu dessen Geber, und ebenso der zweite Indossatar von dem Verhältniß des Indossanten zu dem Remittenten nicht berührt, zumal er dasselbe entweder gar nicht oder rein zufällig kennt.

In ähnlicher Weise bleibt dem Nehmer das Deckungsverhältniß des Trassanten zu dem Bezogenen fremd [17].

VIII. Hieraus folgt denn auch, daß die wechselmäßigen Rechte von jenen Beziehungen, also von dem Umstand, aus welchem Anlaß oder für wessen Rechnung das Wechselversprechen gegeben ist, und wie darüber Abrechnung gehalten werden soll, unabhängig sind. Das Recht aus dem Wechsel ist unabhängig von dem unterliegenden Verhältniß [18].

IX. Der wechselmäßige Anspruch ist zwar an und für sich vorhanden, ohne daß es auf die unterliegenden Verhältnisse ankäme; wenn aber jener Anspruch von einer Person geltend gemacht wird, welche aus dem unterliegenden Verhältniß dem Wechselschuldner gegenüber verpflichtet ist, so kann dies Verhältniß auf die Ausübung des Wechselrechts von Einfluß werden und dieselbe beschränken oder aufheben. Namentlich kann in einem solchen Falle dem Wechselanspruch die gesetzliche Ungiltigkeit des Schuldverhältnisses oder eine Gegenforderung des Wechselschuldners, oder die Nichterfüllung eines demselben vom Wechselgläubiger gegebenen Versprechens, oder der Nichteintritt einer Bedingung entgegenstehen.

Es kann also der Wechselschuldner aus dem zwischen ihm und dem Wechselgläubiger (nicht aber zwischen diesem und einem Dritten) obwaltenden und dem Wechsel zu Grund liegenden Verhältniß eine

---

16) Siehe §. 21. 53. 59.
17) Vgl. §. 17. 18. 39.
18) Diese Unabhängigkeit von den unterliegenden Verhältnissen ist es, welche den Wechsel zu einem negoziablen Papier macht und ihm seine eminente Tauglichkeit für den großen Geschäftsverkehr anweist.

Einrede gegen die Wechselforderung geltend machen. Hiebei läßt sich, nach den angegebenen Hauptfällen unterscheiden [19]:

A. die Ungiltigkeit oder Anfechtbarkeit des unterliegenden Schuldverhältnisses. Der Wechsel soll nicht dazu dienen, das materielle Recht zu umgehen [20]. Ist er also dem Wechselnehmer nur zu formeller Ausgleichung eines materiell unstatthaften Anspruchs gegeben, so kann der Geber des Wechsels der Klage aus dem Wechsel dieselbe Einwendung entgegenhalten, welche er dem Anspruch aus jenem unterliegenden Verhältniß gegenüber hätte. Doch wird häufig die Vorschrift des Wechselprozesses in Betreff liquider Beweisführung die Geltendmachung solcher Einreden im Wechselprozeß ausschließen [21].

B. Der Wechselschuldner kann eine Gegenforderung aus dem unterliegenden Verhältniß haben. Hiebei kommt aber nur das Verhältniß zu demjenigen Wechselgläubiger in Betracht, welcher eben jetzt als Kläger dem Wechselschuldner gegenübersteht, nicht dasjenige, worin der Wechselschuldner zu einem Dritten, etwa zu einem Vormann des Klägers gestanden war. Jene Gegenforderung wird sich als Anspruch auf den (noch nicht berichtigten) Wechselwerth, die Valuta oder Deckung, darstellen [22]. Im einzelnen kann

1. der Acceptant die Einrede der nicht berichtigten Deckung demjenigen Wechselnehmer entgegenhalten, welcher ihm die Deckung schuldet, soferne der Beweis sofort liquid gestellt zu werden vermag. An und für sich zwar ist seine Verbindlichkeit unabhängig von der Deckung, ein absolut und unbedingt gegebenes Zahlungsversprechen. Nur insoweit die Ausübung dieses Anspruchs von Seiten des Klägers eine Arglist (Dolus) enthalten würde, hat eine Einrede Statt. Das Recht aus dem Wechsel gegen den Acceptanten ist nicht durch Deckung bedingt, denn der Acceptant hat versprochen, unbedingt „gegen diesen Wechsel", nicht „gegen diesen Wechsel und dessen

---

[19] Vgl. Thöl (W. R. 2. Aufl.) §. 322 Note 1 und Borchardt A. D. W. O. 5. Aufl. S. 405—511.

[20] Vgl. Thöl a. a. O. S. 718 Note 3.

[21] Vgl. §. 60 Ziff. II. Ueber die Einrede der Intercession (Bürgschaft) gegen die Wechselverbindlichkeit einer Frau s. §. 12 Ziff. XI. 2. Ueber die Bereicherung vgl. §. 83.

[22] Der Wechselschuldner hat eine Einrede. Es ist dies die exceptio non numeratae pecuniae. Vgl. Thöl a. a. O. §. 322 Note 10.

Deckung" die Zahlung zu leisten. In der Regel wird demgemäß die Einrede **unstatthaft** erscheinen [23].

In keinem Falle kann der Acceptant die Einrede der nicht berichtigten **Valuta** vorschützen; denn er kann nicht aus dem Verhältniß **Dritter** eine Einwendung gegen **seine** Verbindlichkeit ableiten. Seine Verbindlichkeit ist unabhängig von dem Umstand, ob dem Aussteller der Remittent, oder dem Indossanten der Indossatar die Valuta berichtigt hat.

2. Ein **Vormann** hat gegen die Regreßforderung seines Nachmanns die Einrede der nicht berichtigten **Valuta** nur in dem Falle, wenn gerade dieser Nachmann ihm dieselbe schuldet, und er den Beweis im Wechselprozeß zu erbringen vermag. Auch hier (vgl. Ziff. 1) ist das Wechselrecht an sich unabhängig von der Valuta, und nur da, wo die **Ausübung** dieses Rechts von Seiten des betreffenden Regreßgläubigers offenbar wider Treu und Glauben verstoßen würde, findet eine Einrede Statt. In der Regel wird die Einrede ausgeschlossen sein; denn höchst selten wird der Regreßschuldner im Wechselprozeß erweisen können, daß ihm der klagende Nachmann die Valuta des Wechsels schuldig sei [24].

Unbedingt ausgeschlossen ist die Einrede nicht berichtigter Valuta, wenn sie das Verhältniß **Dritter** betrifft, also z. B. von Seiten des Trassanten dahin, daß der klagende Nachmann seinem **unmittelbaren** Vormann, einem Indossanten, die Valuta nicht bezahlt habe.

Die **Valuta** ist keineswegs eine Voraussetzung oder Bedingung des Wechselvertrages oder der Verbindlichkeit des Wechselgebers [25]. Vielmehr giebt dieser ein absolutes Versprechen, dessen Einlösung nur dadurch bedingt erscheint, daß die Honorirung Seitens des Bezogenen nicht statt fand. Wäre die Valuta dem Wechsel wesentlich, so müßte

---

23) Der Acceptant kann nicht die Einrede (gegen den Trassanten) vorschützen, er habe die **Waaren nicht erhalten**, für deren Belauf er den Wechsel acceptirte. Centralorg. f. d. H. R. von Löhr. Bd. 3 S. 60—62.

24) Vgl. auch §. 39.

25) Die wechselmäßige Verpflichtung hat ihren rechtlichen Grund lediglich in der nach Form und Inhalt die wesentlichen Erfordernisse einer Wechselerklärung in sich tragenden Schrift. Das außerhalb derselben liegende Rechtsverhältniß, welches deren Geben und Nehmen hervorgerufen, hat auf ihre Entstehung keinen Einfluß, bedarf überhaupt nicht der Darlegung. Seufferts Archiv Bd. 14 S. 71 f. (Ob. Trib. zu Berlin.)

auch der Bezogene sich (als Acceptant) darauf berufen können, es habe der Trassant noch keine Valuta erhalten, zumal wenn diese etwa zur Deckung verwendet werden sollte. Allein Valuta und Deckung berühren das Wechselversprechen nicht, sondern können nur dann beiläufig in Betracht kommen, wenn der Inhaber des Wechsels ein Recht geltend macht, welches durch den Wechsel vollständig begründet ist, und lediglich wegen der persönlichen Beziehung zu dem Beklagten auf eine Einwendung stößt.

Diese Einwendung kann sich als Kompensation mit der Gegenforderung darstellen. Die Voraussetzungen der Kompensation muß der Wechselgeber (Acceptant, Trassant, Indossant) beweisen. Hierher gehört auch die Einwendung, daß der Wechselwerth in Geld bestehen und gleichzeitig bezahlt werden sollte [26].

C. Die Nichterfüllung eines Gegenversprechens kann eine Einrede für den Wechselschuldner gegen den Wechselanspruch begründen. Zwar ist das Wechselversprechen seiner Natur nach und an sich ein Versprechen ohne Gegenversprechen; denn der Wechselschuldner verspricht einfach „gegen diesen Wechsel" zu zahlen. Wenn aber zwischen dem Inhaber und dem Schuldner ein Vertragsverhältniß besteht, so kann dieß ergeben, daß es ein Dolus, eine Vertragswidrigkeit wäre, wollte der Gläubiger das Recht aus dem Wechsel ausüben, bevor er ein seinerseits gegebenes Versprechen erfüllte; so z. B. wenn der Wechselnehmer dem Acceptanten versprochen hatte, ihm vor Verfall Deckung zu machen, sie aber nicht gemacht hat [27].

D. Gegen die Ausübung des Wechselrechts kann eingewendet werden, daß deren Bedingung nicht eingetreten sei; so z. B. wenn der Acceptant dem klagenden Aussteller gegenüber darthut, daß er nur dann zu zahlen sich verpflichtet habe, wenn die Zahlung oder Acceptation eines andern Wechsels nicht erfolgen würde [28]. War eine solche Bedingung verabredet, so bindet sie nur die unmittelbaren Kontrahenten, welche dieselbe speziell übernommen haben, nicht aber

---

26) Thöl W. R. 2. Aufl. S. 723.
27) Vgl. §. 19 Ziff. IV.
28) Ein Wechselschuldner, welcher zur Sicherung des Gläubigers einen von jenem acceptirten Wechsel (Deckungswechsel) übergiebt, ist diesem Gläubiger gegenüber ohne Rückgabe des Deckungswechsels zur Zahlung nicht verpflichtet. (Archiv f. d. W. R. Bd. 17 S. 327.)

einen späteren Wechselnehmer, mag er auch bei dem Erwerb des Wechsels von dem Vertrage **Kenntniß** gehabt haben, oder sollte auch der Vertrag auf dem Wechsel verzeichnet sein [29].

§. 15.
Der Wechselschluß.

I. Dem Geben (Ausstellen, Indossiren u. s. f.) eines Wechsels pflegt eine Vereinbarung vorauszugehen, worin die Bedingungen des Geschäfts festgestellt werden, also namentlich über Summe, Zeit und Ort der Zahlung, und über Valuta, Kurs, Provision u. dgl. Diese Vereinbarung über den Abschluß des Wechselgeschäfts heißt **Wechselschluß**.

II. Der Wechselschluß bildet einen **vorbereitenden** Vertrag für den eigentlichen Wechselvertrag (§. 16), einen **Wechselvorvertrag**. Er kann einen Kauf, Tausch, Geben an Zahlungsstatt einschließen, oder die Abmachung eines sonstigen zwischen den Kontrahenten bestehenden Schuldverhältnisses darstellen. Immer ist er darauf gerichtet, daß ein **Wechsel** gegeben, d. h. ausgestellt, indossirt, acceptirt oder eingelöst werden solle, und zwar in der Regel gegen eine Gegenleistung (Valuta oder Deckung).

Aus dem Wechselschluß entspringt daher die Verbindlichkeit, einen **Wechselvertrag** (§. 16) mittelst Gebens und Nehmens des Wechsels abzuschließen. Erst aus diesem letzteren, dem Wechselvertrag, entstehen die **wechselmäßigen** Rechte und Verbindlichkeiten, welche im Wege der **Wechselklage** verfolgt werden können. Die Ansprüche aus dem Wechselschluß hingegen sind im ordentlichen **Civilprozeß** geltend zu machen [1].

III. Aus dem Wechselschluß folgt in der Regel (wenn nicht etwa der Geber Schuldner des Nehmers war) die Verbindlichkeit des Remittenten oder Indossatars, die **Valuta** zur gehörigen Zeit zu bezahlen. Weil aber der Wechselschluß nicht der eigentliche Wechselvertrag, son-

---

29) Ueber die Einrede: der Wechsel sei als **Sicherheits-** oder **Gegenwechsel** ausgestellt, vgl. Seufferts Archiv Bd. 15 S. 213—251. Ueber die Klage auf Bezahlung eines **Depotwechsels** s. ebendas. Bd. 13 S. 158.

1) Eine Wechselklage auf Ausstellung von Wechseln findet nicht statt. Archiv f. d. W. R. Bd. 17 S. 409. Vgl. Anm. 14.

dern nur ein Vorvertrag (Ziff. II.) ist. so kann auf diese Valuta der Wechselgeber nicht **nach Wechselrecht** klagen.

Hat der Trattennehmer über die Valuta einen **Interimswechsel** (vgl. Ziff. VI. A.) gegeben, so beruht auf diesem (d. h. nun auf dem wirklichen Geben des Wechsels) eine Wechselforderung; aber diese Forderung ist nunmehr die einer Wechselsumme (des Interimswechsels), in welche sich die Valuta des im Wechselschluß besprochenen Wechsels verwandelt hat.

War über die Valutenzahlung nichts anderes verabredet, so versteht sich **Baarzahlung** von selbst; und zwar bestimmt sich der **Preis** des Wechsels in Ermanglung einer Abrede nach dem **Wechselkurs**, d. h. der Notirung darüber, wie viel hiesiges Geld auf die Wechselsumme des Zahlungsortes zu rechnen sei.

IV. Für den **Geber** des Wechsels folgt aus dem Wechselschluß die Verbindlichkeit, zur gehörigen Zeit[2] den versprochenen Wechsel **zu liefern**, und zwar einen mit den gesetzlichen Erfordernissen (vgl. §. 24) versehenen Wechsel. Hiebei kommt namentlich in Frage

1. ob derjenige, welcher eine Tratte versprach, diese selbst ausstellen (selbst trassiren), d. h. eine Tratte **von der Hand**[3] geben muß, oder ob er eine auf ihn von einem Dritten ausgestellte oder indossirte Tratte (d. h. einen gemachten Wechsel, **gemachtes Papier**) geben (also auf den Nehmer giriren) darf.

Zunächst kommt es auf die Beredung an; war eine Tratte von der Hand **bedungen**, so ist der Geber weder berechtigt noch verpflichtet, eine gemachte Tratte zu indossiren. Doch darf er eine an **eigene Ordre** lautende Tratte geben (indossiren), weil er hier Trassant ist und der Nehmer keinen Nachtheil hat.

War auf **gemachtes Papier** gehandelt, so braucht der Nehmer einen Wechsel von der Hand des Gebers nicht anzunehmen, weil er dadurch eine geringere Garantie, nehmlich statt mehrerer nur Einen Garanten erhält.

Fehlt es an einer Vereinbarung, so darf er (soferne er im Uebrigen den Wechselschluß einhält) einen **gemachten** Wechsel indossiren, weil der Wechselnehmer dadurch mehrere Verpflichtete erhält. Er kann aber auch einen Wechsel von der Hand geben.

---

2) Vgl. unten Ziff. VII. 1.
3) Vgl. Thöl W. R. 2. Aufl. §. 169 Note 7.

Eine besondere Beschränkung des Wechselgebers gilt in Bremen bei Sichtwechseln[4].

2. Der Wechselnehmer braucht, wenn im Wechselschluß nicht das Gegentheil bedungen war, sich nicht mit einer Kopie oder Sekunda zu begnügen; auch nicht einen Domizilwechsel zu nehmen, weil er dadurch leicht in Weitläuftigkeiten verwickelt wird. War nur im Allgemeinen die Ausstellung eines Wechsels, ohne Angabe, ob eigener oder gezogener Wechsel, beredet, so kann der Nehmer eine Tratte ansprechen[5].

3. Enthält der Wechselschluß über die Zahlungszeit des Wechsels keine besondere Bestimmung, so kann der Nehmer im Zweifel einen Sichtwechsel verlangen[6], oder, wenn er dies nicht will, ein Papier mit ganz kurzer Zahlungszeit.

Häufig ist die Zeit mit allgemeinen Ausdrücken, wie „kurzes", „langes" Papier besprochen.

4. Aus dem Wechselschluß hat der Nehmer das Recht, Duplikate des Wechsels zu fordern[7].

5. Ueber die Person (oder Firma) des Bezogenen wird in der Regel nichts verabredet, sondern die Auswahl dem Aussteller (beziehungsweise Geber) überlassen. Dieser ist dabei interessirt, eine Person zu wählen, welche bereit und fähig ist, zu zahlen, weil er sich sonst dem Regreß aussetzen würde.

6. Eine Abweichung von den im Wechselschluß beredeten Bedingungen, namentlich in Betreff der Lieferung des Wechsels, braucht der Nehmer sich nicht gefallen zu lassen. Anders, wenn die wörtliche Erfüllung unter eingetretenen Umständen nicht möglich, die Abweichung aber dem Nehmer in keiner Weise nachtheilig erscheint; so z. B. wenn der besprochene Trassat nicht mehr existirte oder nicht mehr zahlungsfähig wäre, und der Geber nun auf eine andere solide Firma desselben Ortes trassirte.

---

4) Einf. Ges. f. Bremen §. 2: „Der Geber eines Sichtwechsels ist verpflichtet, dem Nehmer einen im Bremischen Staate ausgestellten Wechsel zu liefern, sofern er demselben nicht vor Abschluß des Geschäftes einen andern Ort der Ausstellung angezeigt hat."

5) Denn die Tratte ist die gewöhnliche Form des negoziablen Papiers. — Ueber die Frage, ob der Geber einen eigentrassirten Wechsel zu liefern befugt ist, vgl. §. 22 Ziff. IX.

6) Vgl. Thöl W. R. §. 189 bei Note 13.

7) Hierüber s. §. 29.

V. Der Wechselschluß ist entweder ein directer, d. h. von dem Geber (in Person oder durch seinen Vertreter) unmittelbar mit dem Nehmer (oder dem Vertreter desselben) vereinbart, oder durch Mittelspersonen vermittelt, insbesondere durch einen Mäkler.

Im letzteren Fall ist zu beachten, daß der Mäkler durch die übertragene Geschäftsvermittlung noch nicht als bevollmächtigt anzusehen ist, den Wechsel oder die Valuta in Empfang zu nehmen [8].

VI. Die Erfüllung der aus dem Wechselschluß dem einen oder andern Theil obliegenden Verbindlichkeit wird hie und da ausgesetzt, und zwar

A. die Zahlung der Valuta, weil etwa der Wechselnehmer dem Papier nicht traut, daher abwarten will, ob dasselbe in Ordnung gehe, bevor er sich dem Wechselgeber in die Hände giebt. Er stellt dann wohl inzwischen einen Schein, s. g. Interimsschein, über die geschuldete Valuta aus [9]. Kommt nun der Wechsel mit Protest zurück, so kann sich der Wechselgeber durch den Interimsschein gegen die Regreßforderung (bis zum Belauf der Valuta, also z. B. nicht auch in Betreff des weitergehenden Betrages der Retourrechnung, vgl. §. 70) schützen. Ist der Wechsel honorirt, so fordert auf Grund des Interimsscheins der Wechselgeber die Valuta.

Das Kreditiren der Valuta kann auch andere Gründe haben, als den des Mißtrauens, und eine andere Absicht, als die Zahlung von einer Bedingung abhängig zu machen. Wenn z. B. der Wechsel drei Monate dato gestellt wird, so kann auch die Valuta insolange kreditirt bleiben. Um nun dem Interimsschein größere Kraft zu geben, wird er bisweilen in Form eines (eigenen) Wechsels von dem Valutaschuldner ausgestellt, und heißt alsdann Interimswechsel.

Der Interimswechsel kann, wie jeder andere Wechsel, girirt und von dem Inhaber gegen den Aussteller geltend gemacht werden. Nur wenn der Remittent des Interimswechsels selbst als Präsentant erscheint, kann ihm gegenüber der Aussteller Einreden aus dem von jenem ausgestellten (beziehungsweise begebenen) ersten Wechsel geltend machen [10].

---

8) A. D. Handelsgesetzbuch Art. 67.
9) Der Interimsschein ist eine Urkunde über den Wechselschluß ausgestellt (vgl. Thöl W. R. §. 190).
10) Vgl. §. 80 Ziff. III. 24.

B. Die Lieferung des Wechsels kann erst nachträglich zu geschehen haben, während die Valuta schon vorher berichtigt ist, z. B. weil der Wechselgeber selbst erst mittelst der Valuta den Wechsel anschaffen oder bei dem Bezogenen zum Accepte bringen will, oder weil er erst am Zahlungsorte sich erkundigen muß, ob dieser oder jener Geschäftsfreund bereit ist, auf sich abgeben zu lassen. In solchen Fällen läßt sich wohl der Wechselnehmer einstweilen einen Schein über Bezahlung der Valuta und über die Zusage des Wechsels von dem Empfänger der Valuta geben. Dieser Schein heißt: **Interimsschein**, Revers, Recognitionsschein, Obligo, auch wohl (in uneigentlichem Sinn) Aval; man nennt ihn auch **Interimswechsel**, wenngleich er keineswegs als Wechsel behandelt, noch im Wechselprozeß geltend gemacht werden kann.

VII. In Gemäßheit der im Wechselschluß festgestellten Bedingungen muß nun die wirkliche **Lieferung** des Wechsels erfolgen, d. h. die Uebergabe des Wechselpapiers von Seiten des Wechselgebers an den Nehmer.

Der Zeit nach fällt die Lieferung häufig mit dem Wechselschluß **zusammen**; so namentlich, wenn einem Geschäftsfreund ein Wechsel in **laufender Rechnung** zugesendet wird, wo denn, wenn er den gelieferten Wechsel behält, das Geben und Nehmen des Wechsels, zugleich mit der Annahme der im Wechsel und dessen Anerbieten belegenen Bedingungen, vollzogen erscheint.

In dieser Hinsicht kann das stillschweigende **Behalten** eines mit Giro (auch in blanco) übermachten Wechsels als Einverständniß mit dessen Girirung unter Umständen aufgefaßt werden. Will der Empfänger dies nicht, so muß er sofort den Wechsel an den Absender zurücksenden.

Bezüglich der Lieferung selbst kommt

1. deren **Zeit** in Betracht. War hierüber nichts vereinbart, so muß die Lieferung sofort, also bei Lieferung nach auswärts in der Regel mit nächster Post geschehen[11]. Die Umstände können einen ge-

---

11) Rathsam ist es, über die **Zeit** der Ablieferung des Wechsels eine Verabredung zu treffen. Eine kurze Lieferungszeit ist im Interesse des Nehmers; denn, obschon er die Zahlung nicht vor Verfall vom Bezogenen erhält, so kann er doch den Wechsel inzwischen zur Zahlung an dritte Personen verwenden (giriren). Dem

wissen Aufschub als stillschweigend vereinbart erscheinen lassen, so z. B. wenn der Aussteller erst noch das Accept des Bezogenen einzuholen sich verpflichtet hatte.

Es kann auch durch örtliche Gewohnheit oder Gesetz eine Lieferzeit feststehen. Eine solche besteht in Bremen [12].

Erfolgt die Lieferung nicht rechtzeitig, so werden in der Regel die handelsrechtlichen Grundsätze vom Kauf und dem Verzug des Verkäufers Anwendung leiden [13].

2. Das Eigenthum des Wechsels oder die Rechte aus dem Wechsel gehen erst mit der wirklichen Lieferung (der Uebergabe) auf den Nehmer desselben über [14], hingegen die Gefahr schon mit dem Wechselschluß. Würde also der Wechsel auf dem Transport zu Grund gehen oder abhanden kommen, so wäre es ein Schaden des Nehmers, nicht des Gebers. Doch gilt dies nur, wenn auf einen individuell bestimmten Wechsel gehandelt wird, welchen etwa der Geber in Händen und nach zu bewirkendem Accept an den Nehmer zu übermachen hatte. War hingegen bloß allgemein die Lieferung eines Wechsels gewisser Art vereinbart, so geht die Gefahr erst in eben dem Momente auf den Käufer über, wie bei der Bestellung und Lieferung von Waaren, welche der Verkäufer auszuscheiden hat.

Geber hingegen kann daran liegen, daß er noch geraume Zeit habe, den Wechsel zu beschaffen. Im Zweifel wird sofortige Lieferung beabsichtigt erscheinen.

12) Das Einführungsgesetz für Bremen bestimmt in §. 4: „Der Wechselgeber hat, in Ermangelung besonderer Verabredung, den versprochenen Wechsel am Tage der Vereinbarung vor 5 Uhr Abends zu überliefern. Ist der Wechsel auf einen andern Ort gezogen, so muß die Ueberlieferung überdies so zeitig geschehen, daß der Wechsel noch mit der letzten Post desselben Tages versandt werden kann."

13) Mußte der Besteller des Wechsels, um rechtzeitig remittiren zu können, nun in Folge Ausbleibens rechtzeitiger Lieferung des Wechsels, einen andern Wechsel zu höherem Kurs anschaffen, so kann er hiefür von dem in Verzug befindlichen Kontrahenten unter Zurückweisung nachträglicher Lieferung Ersatz fordern. Vgl. Wächter, Handelsrecht §. 26 Ziff. I.

14) Das Einführungsgesetz für Bremen sagt in §. 1: „Der das Wechselrecht begründende Vertrag zwischen dem Geber und Nehmer entsteht erst durch die Ueberlieferung der Wechselurkunde. Die sich darauf beziehenden vorbereitenden Vereinbarungen hingegen geben, wenn auch einen klagbaren Anspruch, doch keinen nach Wechselrecht."

3. Fallirt der Nehmer, ehe er die Valuta entrichtet und den Wechsel empfangen hat, so kann zwar die Gläubigerschaft Lieferung des letzteren verlangen, aber nur gegen Entrichtung der Valuta. War aber der Wechsel schon ausgefolgt, so kann ihn der Geber nicht deßhalb, weil die Valuta noch ausstehe, zurückverlangen.

§. 16.
Der Wechselvertrag.

I. Das Wesentliche des Wechsels ist nicht das Wechsel-Papier (§. 8) und die darauf befindliche Schrift, sondern das mittelst derselben gegebene Wechsel-Versprechen, welches der Aussteller, Acceptant, Indossant dem (oder den) Wechselinteressenten giebt, und von diesem entgegen genommen wird.

Ein solches Versprechen bildet den Inhalt des Wechselvertrages. Dieser, der s. g. Wechselkontract, ist die auf dem Wechselpapier von Seiten des einen Kontrahenten dem andern gemachte Zusage einer Wechselzahlung. sei es nun, daß derjenige, welcher das Versprechen giebt, die Zahlung selbst (als Aussteller eines eigenen Wechsels oder als Acceptant der Tratte) leisten will, oder (als Trassant oder Indossant) als bei einem Dritten (dem Bezogenen) zu erheben in Aussicht stellt, während er selbst nur diese seine Zusage garantirt.

Auf einer und derselben Tratte können viele Wechselversprechen beisammen stehen; es sind deren nehmlich so viele, als Unterschriften auf dem Wechselpapier. Gleichwohl zerfallen sie ihrem inneren Wesen nach nur in zwei Klassen. Der Trassant verspricht, daß der Remittent (oder Indossatar) die Wechselsumme von dem Bezogenen erhalten, widrigenfalls jener (der Trassant) selbst eintreten werde. Der Bezogene soll in Gemäßheit des Auftrages, welchen ihm der Trassant ertheilt und der Präsentant überbringt, die Zahlung leisten. Will er dies thun und ertheilt er hierüber auf dem Wechsel seine Zusage (Accept), so hat der Inhaber noch ein weiteres Wechselversprechen, das Acceptationsversprechen (vgl. §. 18 und §. 47). In gleicher Weise nun wie der Trassant dem Remittenten, so giebt der Indossant dem Indossatar mittelst Unterschrift und Begebung des Indossamentes ein Wechselversprechen (vgl. §. 38 u. 39). Das Versprechen des Indossanten ist das gleiche, wie das des Trassanten: beide nennt man daher,

im Unterschied von dem Acceptationsversprechen, das Begebungsversprechen, und den Vertrag zwischen Geber und Nehmer Begebungsvertrag.

Das Versprechen des Avalisten (s. §. 32) schließt sich an eines der anderen an und fällt damit unter die Klasse des letzteren. Der Avalist giebt also entweder ein Acceptationsversprechen (wenn der Aval unter dem Accepte steht), oder ein Begebungsversprechen.

II. Der Wechselvertrag beruht auf einer bestimmten Form. Er ist an eine Form (als Erforderniß) gebunden; er ist aber auch mit der Form vollendet. Diese Form besteht in der entsprechenden Unterschrift auf dem Wechselpapier, sodann in dem Geben und Nehmen des letzteren (s. Ziff. III.). Hierin liegt

1. das Erforderniß der Schriftlichkeit. Ein mündliches Versprechen ist kein Wechselvertrag, wennschon daraus die (jedoch nicht wechselmäßige) Verpflichtung zu Abschluß eines Wechselvertrages entstehen kann.

2. Das Wechselversprechen muß auf dem Wechselpapier selbst stehen; es kann nicht etwa auf einer besonderen Urkunde ertheilt werden.

3. Das Wechselversprechen kann (der Regel nach, vgl. §. 78) nur von dem Inhaber des Wechselpapieres geltend gemacht werden; es lautet ausdrücklich „gegen diesen Wechsel".

4. Derjenige, welcher die Form des Wechselversprechens für sich hat, also der legitimirte Inhaber (vgl. §. 44) gegenüber von Unterzeichnern des Wechselpapiers, hat gegen die letzteren an sich und im Zweifel einen wechselmäßigen Anspruch, insoweit ihm nicht eine wechselmäßige Einrede (vgl. §. 80) oder der Mangel des wirklichen Vertragsabschlusses (s. Ziff. III. 5) entgegen steht.

III. Die Form des Wechsels ist die Form eines Vertrags; es muß also eine Vereinbarung zwischen den Kontrahenten wirklich statt gefunden haben, d. h. ein Geben und Nehmen des Wechsels. Der Aussteller übergiebt oder übersendet den von ihm unterzeichneten Wechsel an den Remittenten, der Indossant an den Indossatar; der Acceptant übergiebt das mit seinem Zahlungsversprechen versehene Papier dem Präsentanten. Durch diesen Act des Gebens und der Empfangnahme auf Seiten des Nehmers wird der Vertrag vollzogen (perfekt). Solange der Geber das von ihm unterzeichnete Papier noch in

Händen hat, kann er seine Erklärung zurückziehen, weil ein Abschluß erst durch das Zusammentreffen des beiderseitigen Willens zu Stande kommt. Der **Wechselschluß** (§. 15) verpflichtet zwar den einen Kontrahenten zu Ausstellung und Uebergabe eines Wechselversprechens, ist aber noch nicht selbst der Wechselvertrag. Nicht das Versprechen des Wechsels (der Wechselschluß), auch nicht die bloße Ausstellung durch Unterschrift, sondern erst der **gegebene Wechsel** (das Geben des Wechsels) berechtigt den Inhaber, verpflichtet den Aussteller der Wechselerklärung. Hiebei ist zu beachten

1. Jeder Wechselschuldner ist ein **Wechselgeber**, jeder Wechselgläubiger ein **Wechselnehmer**, mag nun zwischen beiden unmittelbar oder mittelbar (durch Dritte) dieses Verhältniß stattgefunden haben. Es kann nehmlich

a. schon das Geben selbst durch **Mittelspersonen** (Boten, Bevollmächtigte) erfolgen. Es ist aber auch

b. häufig der erste Nehmer wieder ein Geber, und dessen Nehmer somit ein **mittelbarer Nehmer** des ersten Gebers, also der Indossatar des Trassanten, der spätere Indossatar der früheren Indossanten und des Trassanten. Gleichwohl erscheint auch mit diesen **späteren Nachmännern** der Wechselvertrag von den früheren Gebern abgeschlossen.

Der **Aussteller** eines Wechsels (vorausgesetzt, daß dieser nicht ein Rectawechsel sei, vgl. §. 36) schließt zwar zunächst seinen Wechselvertrag mit dem Remittenten, aber weiterhin auch mit dessen **Nachmännern** in dem Moment, wo denselben der Wechsel mittelst Giro's begeben ist. Dasselbe gilt von dem ersten **Indossanten** gegenüber den Nachmännern seines Indossatars.

Der Wechselvertrag zwischen einem Vormann und einem unmittelbaren Nachmann wird vermittelt durch den **Zwischenmann** (oder die Zwischenmänner); gleichwohl entsteht eine directe Vertragsverbindlichkeit des Vormanns gegen den Nachmann.

2. Es ist im gewöhnlichen Verkehr Sprachgebrauch, nur die Vormänner im Verhältniß zu den Nachmännern, nicht aber auch den Acceptanten als Geber des Wechsels zu bezeichnen.

3. Das Geben und Nehmen des Wechsels muß mit dem Willen (der Absicht) geschehen, dadurch einen Wechselvertrag zu begründen. Diese Willensmeinung bedarf aber nicht erst eines besondern

Beweises; sie wird vermuthet, wenn der Wechsel zwischen denjenigen Personen, welche er als Schuldner (Trassant, Indossant, Acceptant) und Gläubiger bezeichnet, gegeben und genommen ist. Doch ist ein Gegenbeweis nicht ausgeschlossen (vgl. Ziff. 5).

4. Auch das **Geben** und **Nehmen** selbst bedarf keines besondern **Beweises**, sondern wird (vorbehältlich Gegenbeweises vgl. Ziff. 5) **vermuthet**, wenn diejenige Person, welche der Wechsel als Gläubiger bezeichnet, den Wechsel in Händen hat.

5. Wenn derjenige, welcher als Wechselschuldner belangt ist, **nachweisen kann**, daß er mit demjenigen, welcher als angeblicher Nehmer ihn als Geber in Anspruch nimmt, einen **Wechselvertrag nicht geschlossen habe**, so fällt jene Vermuthung (Ziff. 3 und 4) hinweg. Ein solcher Beweis wird aber, zumal im Wechselprozeß (vgl. §. 81) sehr selten gelingen; er müßte

a. entweder dahin gerichtet sein, daß überhaupt das Geben und Nehmen nicht stattgefunden, oder

b. daß es nicht mit dem Willen, den Wechselvertrag dadurch zu begründen, stattgefunden habe. Ueberhaupt aber kann

c. die Einrede nur dem unmittelbaren Kontrahenten, also vom Beklagten seinem angeblichen Nehmer gegenüber stattfinden, nicht aber gegen einen dritten Inhaber.

IV. Von dem wechselmäßig verpflichtenden Geben des Wechsels muß man die bloße **Uebertragung** eines Wechsels auf einen Andern unterscheiden, wie sie durch Indossament ohne Obligo (§. 41), oder durch Hingeben eines in blanco girirten Wechsels ohne weitere Unterschrift (§. 40) erfolgen kann. Hiedurch wird kein Wechselversprechen von Seiten des Uebertragenden geleistet und insoferne kein Wechselvertrag zwischen ihm und dem Erwerber des Wechsels geschlossen. Wohl aber tritt der letztere in die Stellung des Nehmers gegenüber den früheren Gebern (dem Aussteller und den Indossanten) des Wechsels.

V. Das **Zurückgeben** und **Zurücknehmen** des Wechsels kann eine Aufhebung des Vertrags oder doch der wechselmäßigen Verbindlichkeit des Gebers enthalten, letzteres z. B. nach erfolgter Einlösung im Regreßweg (§. 71), ersteres wenn der Nehmer aus irgend einem Grunde das Papier zurückgiebt, z. B. weil er anderweit befriedigt wurde. Auch dieß liegt in der Fassung des Wechsels: „gegen diesen

Wechsel"; denn der Gläubiger soll nur auf Grund des Papiers ein Wechselrecht ausüben.

VI. In der Bedeutung, welche dem Geben des Wechsels zukommt, liegt es, daß man unterscheiden kann zwischen dem Geber und dem Schreiber der Wechselerklärung. Der letztere kann als Stellvertreter des Gebers (vgl. §. 13) handeln. Ferner kann der Schreiber des Wechsels selbst ein anderer sein, als der Aussteller, z. B. wenn diesem von dem Acceptanten oder Remittenten das bis auf die Unterschrift des Trassanten ausgefüllte Wechselpapier zu Beifügung der letzteren eingesandt wird.

VII. Der Wechselvertrag ist an und für sich unabhängig von den unterliegenden Verhältnissen, welche etwa seine Veranlassung gewesen sind (vgl. §. 14), sowie von der Persönlichkeit des Wechselnehmers. Die Person, welche den Wechselschluß besorgte, oder diejenige, welche die Valuta berichtigte, kann eine ganz andere sein, als der Nehmer des Wechsels (vgl. §. 21). Dem Wechselgeber liegt nur an der Berichtigung der Valuta; hat er diese erhalten und seine Verpflichtung aus dem Wechselschluß erfüllt, so kann es ihm gleich gelten, wer den Wechsel weiterhin bekommt; er ist nur „gegen diesen Wechsel", d. h. wenn derselbe unter Protest zurückkommt, dem rechtmäßigen Inhaber verantwortlich. Welche Person es sei, die durch Giro Inhaber geworden ist, kann dem ersten Geber gleichgiltig sein.

Aber nicht nur die persönlichen, auch die sachlichen Verhältnisse zwischen den ursprünglichen Kontrahenten sind für die Rechte aus dem Wechsel ohne Belang. Das Wechselversprechen z. B. des Indossanten bleibt dasselbe, mag der Indossant den Wechsel verkauft, verschenkt, als Zahlung gegeben oder vertauscht haben. Ebendeßhalb kann auch aus der Wechselbegebung, z. B. aus dem Indossamente, kein Schluß auf das zu Grunde liegende Geschäft, und aus letzterem kein Einwand gegen die Ansprüche aus dem Wechsel entnommen werden. Der Wechselschuldner sagt mit seiner Unterschrift schlechthin: ich zahle, sei es nun in erster Linie (als Acceptant), oder in zweiter Linie (als Regreßschuldner), wenn der Bezogene nicht bezahlt.

VIII. Damit steht es in Verbindung, daß der Wechselvertrag kein zweiseitiger Vertrag[1] ist, dem Wechselversprechen kein

---

1) Dem Wechselversprechen kann zwar ein zweiseitiger Vertrag zu Grunde liegen (z. B. ein Kauf, Darlehn, eine Bürgschaft), aber der Wechselver-

Gegenversprechen gegenüber steht, d. h. daß der Nehmer dem Geber nicht wechselmäßig zu irgend welcher Leistung verpflichtet ist. Zwar spricht man von Verbindlichkeiten des Wechselnehmers, z. B. in Beziehung auf Präsentation, Protesterhebung, Notifikation. Allein diese Verpflichtungen sind nur **Bedingungen** oder vielmehr **Voraussetzungen** seines Rechts, nicht aber positive Ansprüche des Gebers an den Nehmer. Bleiben diese s. g. Verpflichtungen unerfüllt, so ist die Folge nur die, daß die Rechte des Nehmers Noth leiden oder wegfallen, nicht aber die, daß er nun dem Geber zu einer gewissen Leistung verpflichtet würde. Der Nehmer ist aus dem Wechsel also immer nur **berechtigt**, der Geber nur **verpflichtet**. Hiebei wird von den unterliegenden Verhältnissen abgesehen, welch letztere wohl eine, jedoch nicht wechselmäßige, Verbindlichkeit des Nehmers (vgl. §. 20) herbeiführen können, die aber auf das Wechselversprechen selbst ohne Einfluß ist, und nur der Geltendmachung im Wege stehen kann, wenn letztere einen Dolus enthielte [2].

Wenngleich der Wechsel kein Gegenversprechen enthält, so kann doch eine Gegenforderung des Wechselschuldners der Geltendmachung eines wechselmäßigen Anspruchs entgegen stehen; soferne nehmlich der Beklagte **unmittelbar** gegen den Kläger eine solche, im Wechselprozeß nachweisbare Gegenforderung hat, darf er **kompensiren**. Er hat dieses Recht aber nicht wegen solcher Ansprüche, die einem Vor- oder Nachmann, oder gegen einen dergleichen erwachsen sind [3].

IX. Der Wechselvertrag enthält also seinem Wesen nach ein reines, von allen anderweiten Beziehungen losgelöstes **Summenversprechen**. Dies trifft nicht nur bei dem Acceptanten zu, sondern auch auf Seiten des Trassanten, wennschon dessen Leistung von dem Ausbleiben einer Leistung des Bezogenen abhängt (vgl. §. 17).

Eben hiedurch bildet der Wechsel das Mittel, um aus Schuld- und Kredit-Verhältnissen verschiedenster Art ein unbedingtes, einfaches, absolut verfolgbares Geldversprechen zu gewinnen. Mittelst des Wechsels läßt sich jeder Anspruch (soferne er auf eine Geldsumme

---

trag oder das Versprechen des Wechselschuldners selbst und an sich ist ein **einseitiges**. Vgl. Renaud Lehrb. d. A. D. W. R. 3. Aufl. §. 12 Note 2.

2) Vgl. §. 80 Ziff. III. 19.
3) S. §. 80 Ziff. III. 11.

zurückgeführt werden kann) in eine solche von allen anderweiten Beziehungen unabhängige Forderung umwandeln. Wer sich in der Wechselform verpflichtet, erklärt eben damit, daß er in streng formeller Weise haften wolle, und zwar nicht nur dem ersten, sondern auch jedem folgenden Nehmer des Papiers, ohne daß der letztere besorgen müßte, daß ihm Einreden oder Gegenforderungen aus dem Verhältniß der ursprünglichen Kontrahenten in Verfolgung seines Anspruchs entgegengestellt werden könnten.

X. Der Vertrag, welcher diese Wirkungen hat, der Begebungs- und der Acceptations-Vertrag, also der eigentliche Wechselvertrag, muß unterschieden werden von dem Vertrag über einen Wechsel. Auch diesen nennt man hie und da Begebungsvertrag, aber in einem uneigentlichen Sinn, nehmlich als vorläufige Vereinbarung über das künftige Geben eines Wechsels; so z. B. wenn ich einen Wechsel kaufen will, ist der Kaufvertrag über den Wechsel (in diesem uneigentlichen Sinne Begebungsvertrag genannt) allerdings kein Wechselvertrag; wenn nun aber in Erfüllung dieses vorgängigen Kaufvertrags der besprochene Wechsel wirklich von dem Verkäufer an mich indossirt wird, so ist die Begebung dieses indossirten Wechsels an mich als den Indossatar der eigentliche Begebungsvertrag des Indossanten.

XI. Der Wechselvertrag, welchen ein Kaufmann unter seiner Firma vollzieht, ist im Zweifel als Handelsgeschäft zu betrachten[4].

§. 17.
Der Wechselvertrag des Trassanten.

I. Der Wechselvertrag (§. 16) zerfällt in die beiden Grundformen: Acceptationsvertrag (f. §. 18) und Begebungsvertrag; dieser letztere wird entweder zwischen dem Aussteller und Re-

---

4) Vgl. §. 7 Ziff. XIII.
Wenn Renaud (Lehrb. d. W. R. 3. Aufl. §. 12 a. Schluß) sagt: „Der Wechselvertrag kann Handelsgeschäft sein. Er ist es dann, wenn er von einem Banquier oder Kaufmann abgeschlossen worden, gleichgültig, ob der andere Contrahent Banquier oder Kaufmann ist oder nicht ist" — so geht er hierin wohl zu weit. Wenn z. B. ein Kaufmann, dessen Firma nicht identisch ist mit dem bürgerlichen Namen, unter letzterem einen Wechsel ausstellt, so wird hier in der Regel kein Handelsgeschäft anzunehmen sein.

mittenten, oder zwischen Indossanten und Indossatar (s. §. 39) geschlossen. Allein im Wesentlichen schließt sich der Wechselvertrag des Indossanten so genau an den des Trassanten an, daß der des letzteren als die Grundlage des Wechselvertrages überhaupt erscheint. Dieß gilt auch im Hinblick auf den Acceptationsvertrag, welcher sich nicht bei jedem Wechsel findet, und gleichfalls die Erklärung des Trassanten voraussetzt.

II. Auf den ersten Anblick kann es scheinen, als enthielte die Wechselerklärung des Trassanten durchaus kein Versprechen, sondern nur einen Zahlungsauftrag an den Bezogenen. Und allerdings bildet dieser Auftrag, welchen der Aussteller zu Gunsten des Remittenten ertheilt, den nächstliegenden Gegenstand des Wechselgeschäfts, womit der Wechselinhaber sich zunächst zu befassen hat. Er muß sich in Gemäßheit des Auftrages bei dem Bezogenen melden. Allein der Aussteller ist für seinen Auftrag verantwortlich; er haftet dem Nehmer dafür, daß dieser die Wechselzahlung zur Zahlungszeit am Zahlungsort wirklich erheben könne, andernfalls aber für den Werth dieser Leistung, somit für den zur Zahlungszeit am Zahlungsort bestehenden Kurs der Wechselsumme. Diesen Betrag verspricht der Aussteller dem Nehmer auf den Fall der Nichtzahlung des Trassaten. Er verspricht also eine Summe, welche nach Maßgabe der Wechselsumme unter Hinzutritt von Kosten, Provision, Zinsen u. s. f. als Regreßsumme (vgl. §. 70) erscheint. Man kann somit den Inhalt des Versprechens auf Seiten des Trassanten dahin fassen: er verpflichtet sich zur Regreßsumme[1]. Dabei ist die Person des Wechselnehmers dem Trassanten in der Regel gleichgiltig[2].

B. D. Art. 8.

---

1) W. O. Art. 8: „Der Aussteller eines Wechsels haftet für dessen Annahme und Zahlung wechselmäßig."
Der Begebungsvertrag des Trassanten enthält ein Summenversprechen, vgl. Thöl W. R. §. 195 bei Note 1. Der Trassant verspricht, daß er im Fall der Nichtzahlung des Bezogenen den Werth der Wechselzahlung zahlen werde. Vgl. Thöl W. R. §. 229. Ueber das Verhältniß des Trassanten zum Bezogenen s. §. 19.

2) Zwar nicht der Wechselschließer (§. 17), wohl aber der Nehmer ist dem Trassanten gleichgiltig. Er giebt daher ein Ordrepapier, und verpflichtet sich zugleich jedem künftigen Nehmer. Hat der Trassant ausnahmsweise ein Interesse an der Person seines Nehmers, indem er eben diesem gegenüber sich gewisse Einwendungen vorbehalten will, so kann er eine Rektatratte ausstellen. Vgl. Thöl W. R. §. 195 bei Note 2. Löhr Centralorg. f. d. H. R. N. F. Bd. 2. S. 250.

Bestritten ist, ob der Aussteller seine Regreßverbindlichkeit durch die Klausel „ohne Obligo" ausschließen könne [3].

III. Die Verbindlichkeit des Trassanten ist eine Regreßverbindlichkeit, d. h. an ihn kann der Wechselgläubiger seinen Rückgriff nehmen, falls er vom Bezogenen nicht in Gemäßheit des Zahlungsauftrages Befriedigung erlangt. Diese letztere Voraussetzung des Anspruchs an den Trassanten muß der Wechselgläubiger darthun, und zwar durch den Protest (vgl. §. 61). Insoferne beruht die Verbindlichkeit des Trassanten [4] auf dem Wechsel und Protest, und stellt sich der Anspruch des Nehmers dar als ein Recht aus dem Wechsel und dem Protest [5].

IV. Der Nehmer des Wechsels erlangt aus dessen Begebung ein Recht gegen den Geber, den Trassanten, nicht aber gegen den Bezogenen. Dieser wird dem Nehmer nur durch Acceptation verpflichtet. Insolange er nicht acceptirte, steht er in keinem Rechtsverhältniß zu dem Remittenten (oder sonstigen Nehmer der Tratte) [6].

Wenn nun der Trassant eine Forderung an den Trassaten (z. B.

---

3) Hierüber s. §. 41 Ziff. IV.

4) Mehrere Aussteller eines Wechsels haften solidarisch. Borchardt (A. D. W. O. 5. Aufl.) Zus. 162.

5) Der Trassant ist nicht schlechtweg, sondern nur unter einer Bedingung (Ausbleiben der Zahlung des Bezogenen) verpflichtet. Deßhalb ist zu Geltendmachung dieser Verpflichtung außer dem Wechsel auch noch der Protest erforderlich, d. h. der formelle Nachweis über den Eintritt jener Bedingung (vgl. Thöl W. R. §. 192 Ziff. III).

6) Das Verhältniß des Trassanten zum Remittenten läßt sich nicht ohne Weiteres als ein Mandatsverhältniß auffassen, welches den Trassanten in Bezug auf die Ausstellung des Wechsels und die daraus für diesen entstehenden Verpflichtungen als den Bevollmächtigten des Remittenten darstellt. Wenn es daher

a. an den besonderen Voraussetzungen eines zwischen dem Trassanten und Remittenten abgeschlossenen Vollmachtsauftrages fehlt, so läßt sich aus dem Umstande allein, daß der Trassant die ihm, als solchem, obliegenden Verbindlichkeiten erfüllt hat, nicht die Verbindlichkeit des Remittenten herleiten, ihm dafür als sein Auftraggeber aufzukommen und gerecht zu werden. Ebensowenig läßt sich schon

b. aus dem Umstande allein, daß der Trassant den Wechsel auf Ansuchen des Remittenten an dessen Ordre gezogen und ihm ausgeantwortet hat, folgern, daß der Remittent dem Aussteller dafür aufkommen müsse, wenn letzterer als Trassant genöthigt worden, den Wechselbetrag bei dem Acceptanten ganz oder theilweise zu decken. Borchardt (A. D. W. O. 5. Aufl.) Zus. 163.

für verkaufte Waaren hatte, welche er mittelst des Wechsels zum Einzug bringen will, so kann die Frage entstehen, ob die Begebung des Wechsels eine Abtretung (Cession) jener Forderung enthalte? Dieß ist nicht der Fall. Denn das Wechselversprechen (des Trassanten) bezieht sich nicht auf das unterliegende Verhältniß, von welchem es vielmehr völlig unabhängig ist, sondern nur auf die Realisirung des Zahlungsauftrages.

Durch die Begebung des Wechsels erlangt also der Nehmer nicht die dem Geber (aus gemachter Deckung, aus einem Vertrag u. dgl.) gegen den Bezogenen zustehende Forderung[7].

Hieraus folgt, daß der Bezogene einer präjudizirten Tratte (vgl. §. 74), welche er nicht acceptirt hat, sollte er auch Deckung empfangen haben, nicht dem Remittenten oder Indossatar (sondern nur unter Umständen dem Trassanten) verbindlich ist. Ebendeßhalb kann der Trassant dem Bezogenen, insolange dieser nicht acceptirte, Contreordre geben, d. h. den Zahlungsauftrag des Wechsels widerrufen[8]. Geräth der Trassant in Konkurs, so geht dieses Recht auf seine Gläubigerschaft[9], nicht aber auf den Inhaber des Wechsels über. Fallirt hingegen der Bezogene, so kann in dessen Konkursmasse nicht der Remittent oder Indossatar des (nicht acceptirten) Wechsels, sondern nur, nach Umständen, auf Grund der gegebenen Deckung, der Aussteller ein Guthaben gegen die Konkursmasse geltend machen. Uebrigens wird der Bezogene, wenn der Aussteller fallirte, sich hüten, zu acceptiren.

---

7) Die Trassirung eines Wechsels enthält keine Uebertragung der Rechte, welche dem Trassanten auf Annahme und Zahlung des Wechsels zustehen. Borchardt (A. D. W. O. 5. Aufl.) Zus. 169.

Der Inhaber einer Mangels Zahlung protestirten Kommissionstratte hat keinen Anspruch gegen den Trassanten auf Cession der dem Trassanten gegen den Kommittenten zustehenden Rechte. Goldschmidt Zeitschr. f. H. R. Bd. 2 S. 138. Borchardt a. a. O. Note 124 b.

8) Dem Remittenten gegenüber ist der Trassant allerdings verpflichtet, den Wechsel nicht zu kontremandiren. Borchardt (A. D. W. O. 5. Aufl.) Note 124 c.

9) Der Massekurator des Trassanten kann bei dem Bezogenen bis dahin, daß derselbe zu dem Remittenten in ein Obligo getreten ist, die Zahlung an den Wechselinhaber verbieten und das bei dem Bezogenen stehende Guthaben zur Masse ziehen, und muß alsdann der Remittent, wenn er die Valuta für den Wechsel gezahlt hat, sich an die Masse halten. Borchardt (A. D. W. O. 5. Aufl.) Note 124 d S. 105.

V. Damit, daß der Bezogene sich bereit erklärt und verspricht, er wolle an den Remittenten für Rechnung des Trassanten bezahlen, also durch die vom Bezogenen geschehene Acceptation der Tratte, wird der Trassant noch nicht von seiner Verbindlichkeit gegen den Remittenten frei. Denn er haftet nicht blos für die Acceptation, sondern für die wirkliche Zahlung; er haftet nicht blos dafür, daß der Bezogene Schuldner des Remittenten werden wolle oder sich als solchen bekenne. Denn sonst müßte der Wechselgläubiger sich, wenn der Acceptant nicht zahlen will, im Weg der Klage an den letzteren halten, während es ihm freisteht, auf Grund des Protestes (d. h. des Nachweises, daß der Bezogene nicht auf Anfordern bezahlte) sofort den Trassanten in Anspruch zu nehmen. Es bleibt also der Trassant Schuldner des Remittenten, wennschon dieser den Bezogenen, indem er ihn acceptiren läßt, als Schuldner annimmt. Der Remittent (oder Indossatar) muß auch nicht etwa den Acceptanten vorher belangen, ehe er an den Trassanten gehen könnte, noch sich mit einem Theil seiner Forderung an den Acceptanten verweisen lassen: er kann auf Grund des Protestes sofort für das Ganze sich an den Trassanten halten.

VI. Der Trassant haftet dafür, daß bei dem Bezogenen die Einlösung des Wechsels zur Verfallzeit keinem Anstand unterliege. Seine Verbindlichkeit tritt in Wirksamkeit, wenn die Nichtzahlung durch Protest festgestellt ist (vgl. ob. Ziff. III.). Sie tritt aber auch schon dann in gewissem Umfange ein, wenn die Zahlung auch nur unsicher geworden ist, sei es, daß der Acceptant in seinen Vermögensverhältnissen unsicher wird (vgl. §. 54), oder daß bei dem Bezogenen eine Acceptation überhaupt nicht zu erlangen wäre [10] (vgl. §. 52). In diesen Fällen kann der Trassant auf Sicherheitsleistung in Anspruch genommen werden, soferne nicht eine Intervention (vgl. §. 53 u. 59) eintritt.

VII. Der Abschluß des Begebungsvertrages mit den vorerwähnten Verbindlichkeiten (Ziff. I—IV.) erfolgt ordentlicher Weise dadurch, daß dem Remittenten die an dessen Ordre ausgestellte (oder

---

[10] Indeß verspricht der Trassant nicht das Accept des Bezogenen (vgl. Thöl W. R. §. 230). Der Regreß Mangels Annahme ist nur Folge des für den Fall der Nichtzahlung geleisteten Wechselversprechens und beruht auf dem Verdacht, daß dieses Wechselversprechen im Regreßwege werde erfüllt werden müssen.

girirte) Tratte von dem Trassanten übergeben wird. Hiebei ist zu bemerken:

1. Der Remittent erhält ein Wechselrecht erst mit der an ihn erfolgten Hingabe des Wechsels, nicht schon damit, daß sein Name auf dem Papier steht. Nicht die bloße Ausstellung, auch nicht das Versprechen, sondern erst das wirkliche Geben der Tratte begründet den Wechselvertrag.

2. Dieses Geben selbst ist völlig formlos: es genügt, daß die Tratte mit Willen des Trassanten in die Hände des Remittenten gekommen sei, und zwar mit dem Willen, den Wechselvertrag zu begründen. Dieser Wille bedarf aber nicht eines besondern Beweises, sondern wird angenommen (präsumirt), wenn die Tratte sich in der Hand des Remittenten befindet. Könnte hingegen der Aussteller beweisen, daß jener Wille oder das Geben und Nehmen fehle, somit der Wechselvertrag mit dem angeblichen Remittenten nicht wirklich geschlossen worden sei, so würde der Trassant nicht haften.

3. Solange das Geben der Tratte nicht erfolgt ist, kann der Trassant die Tratte durchstreichen oder sonst seine Unterschrift zerstören, ohne daß ihn der Remittent daran hindern oder dafür haftbar machen könnte: denn ein Wechselvertrag war noch nicht geschlossen. Hatte aber in diesem Falle der Trassant sich verbindlich gemacht, einen Wechsel zu liefern, so haftet er für Erfüllung dieser Verpflichtung (vgl. §. 15).

VIII. Ist der Begebungsvertrag einmal abgeschlossen, so haftet der Trassant insolange, bis der Wechsel bezahlt oder etwa an den Trassanten zurückgegeben ist. In letzterer Hinsicht kommt namentlich die Möglichkeit in Betracht, daß der Trassant im Lauf des Wechsels Indossatar wird (vgl. §. 38 Ziff. V. 3.) Alsdann hat er zwar den Anspruch an den Acceptanten, nicht aber an die Indossanten. Denn diese würden sich sofort wieder an ihn als Trassanten halten und haben daher gegen seine Regreßklage die Einrede, daß der Trassant die Regreßsumme, welche er als Indossatar forderte, als Trassant sofort wieder erstatten müßte.

§. 18.
Der Wechselvertrag des Acceptanten.

I. Die Tratte ist ein Zahlungsauftrag des Trassanten an den Bezogenen. Wenn nun dieser sein Accept, d. h. sein „Ja" auf das Papier setzt (vgl. §. 47), so nimmt er damit einen Zahlungsauftrag an und giebt ein Wechselversprechen. Er verspricht die Wechselzahlung, und zwar (wenn er ohne Einschränkung acceptirt, vgl. §. 48) völlig nach Ausweis der Tratte oder des vom Trassanten ertheilten Zahlungsauftrages.

II. Das Accept ist ein **Summenversprechen**, d. h. der Acceptant verspricht **schlechthin** (vgl. indeß Ziff. IX.) die Zahlung einer **Summe**, er giebt ein Versprechen, welches er nicht von einer **Gegenleistung** abhängig macht, noch von irgend welchen demselben **unterliegenden Verhältnissen**[1], namentlich von dem Deckungsverhältniß und dem Valutaverhältniß.

III. Die Verbindlichkeit des Acceptanten bleibt daher dieselbe, mag er das Accept nach empfangener **Deckung** oder zu Tilgung einer **Schuld** gegen den Trassanten, oder denjenigen, für dessen Rechnung trassirt ist (Accept für fremde Rechnung), oder auf **Kredit** des einen oder andern, oder aus Gefälligkeit (**Gefälligkeitsaccept**[2]) gegeben haben. Man unterscheidet ein Accept auf **Deckung**, auf **Kredit** und auf **Schuld**[3].

IV. Die **unterliegenden Verhältnisse** kommen aber, wennschon nicht für die Wechselschuld, aber für die etwa unterliegende Obligation, also für den Bezogenen in seinem Verhältniß zu demjenigen, für dessen Rechnung trassirt wurde, insoferne in Betracht, als ein

---

1) Es dürfen die möglicherweise sehr verschiedenen unterliegenden Verhältnisse nicht herbeigezogen werden, um das Wesen des Acceptes (als ob dasselbe eine Bürgschaft, oder ein Schuldversprechen u. s. f. wäre) zu erklären, oder um die Verbindlichkeit des Acceptanten und die Rechte des Wechselgläubigers zu bestimmen, indem diese immer dieselben sind, welches auch die unterliegenden Verhältnisse sein mögen. Vgl. Thöl W. R. §. 194. 211. 215 bei Note 2. 217.

2) Die Behauptung, daß es sich um ein s. g. Gefälligkeitsaccept handle, kann auch gegen denjenigen, welcher das Accept erhielt, nur dann mit Erfolg aufgestellt werden, wenn zwischen ihm und demjenigen, der das Accept ertheilte, die Verabredung bestand, daß Ersterer aus dem Accepte keinen Wechselanspruch erlangen, letzterer gegen ihn keine Wechselverbindlichkeit übernehmen solle. Sonst bewirkt auch jenem gegenüber das Accept die Pflicht zur Zahlung. Löhr Centralorg. Bd. 2 S. 432—435. Vgl. über das Gefälligkeitsaccept Arch. f. d. W. R. Bd. 17 S. 183.

3) Das **ungedeckte Accept** nennt man wohl auch **Blankoaccept** (à découvert). Die **Deckung** selbst kann verschieden, z. B. durch eine Schuld, oder baaren Fonds, oder diesen vertretenden Kreditfonds gegeben sein. Vgl. Thöl W. R. §. 208 S. 221 Note 3.

Schuldverhältniß durch das Accept eine Umwandlung (Novation) aus einer gewöhnlichen in eine Wechselschuld erleiden kann[4].

V. Das Schuldverhältniß, welches eine Wechselschuld werden soll, ist nicht zu verwechseln mit einer **Verbindlichkeit zu acceptiren**, welche der Bezogene etwa übernommen hat. An sich ist er, auch wenn er dem Trassanten den Betrag des Wechsels schuldet[5], nicht verbunden, einen Wechsel zu bezahlen und zu acceptiren. Er kann sich aber dazu **verpflichten**, etwa durch bejahende **Beantwortung des Avisbriefes**. Das Versprechen, acceptiren zu wollen, kann der Bezogene entweder dem Trassanten oder **dem Wechselnehmer** (Inhaber, Remittenten oder Indossatar) gegeben haben, er kann aus diesem Versprechen auf Acceptation oder Leistung des Interesses belangt werden, aber nicht im Wechselprozeß[6].

---

4) Vgl. über die Novation durch Wechsel überhaupt §. 14 Ziff. V.

5) Der Bezogene ist (in Ermangelung eines Versprechens) zur Acceptation auch dann nicht verbunden, wenn er

1. dem Trassanten den Betrag schuldet und es zwischen beiden fortwährend Gebrauch war, die Guthaben durch Wechsel zu entnehmen. Anderes, wenn in jener Uebung durch Hinzutreten anderer Umstände ein stillschweigendes Acceptations-Versprechen zu finden ist. (Thöl W. R. §. 214 Note 8.)

2. Auch wenn der Bezogene Wechselschuldner (z. B. als Indossant eines protestirten Wechsels) ist, besteht für ihn keine Verbindlichkeit, für seinen Gläubiger einen neuen Wechsel zu acceptiren. Es ist daher auch die Acceptation eines Rückwechsels freiwillig (Thöl a. a. O. bei Note 7).

In Berlin besteht eine Usance, wonach, wenn bei Waarenlieferungen auf 6 Monat Kredit gehandelt worden, der Verkäufer nicht berechtigt ist, innerhalb dieser 6 Monate auf den Käufer zu trassiren, wenn aber nach Ablauf dieser Kreditfrist keine Zahlung Seitens des Käufers erfolgt ist, auf den Schuldner Wechsel mit kurzer Zahlungsfrist ziehen darf. Löhr Centralorg. f. d. H. R. Bd. 2 S. 358 f.

6) Eine wechselmäßige Verbindlichkeit würde erst durch den im wirklichen Accept liegenden Wechselvertrag begründet. Löhr Centralorg. f. d. H. R. Bd. 1 S. 143.

Haben sich mittlerweile die Umstände verändert, indem z. B. der Trassant fallirte, so begründet dieß eine Einrede für den (auf Erfüllung seines Versprechens belangten) Bezogenen nur, wenn es nun an der vertragsmäßigen Leistung des andern Kontrahenten fehlt (Einrede des nicht erfüllten Vertrags), somit in Betreff der Deckung nicht, wenn der Bezogene das Versprechen dem Wechselnehmer (Remittenten oder Indossatar) oder einem Trassanten für fremde Rechnung gab (Thöl W. R. §. 214 Ziff. II. 1).

Der Bezogene wird auch nicht unbedingt durch die Annahme der Deckung zur Acceptation verbunden, geschweige denn durch das bloße Daseyn der Deckung[7].

VI. Der Bezogene **darf acceptiren**. Wenngleich der Auftrag des Trassanten zunächst auf Zahlung geht, so liegt doch in der Tratte, als einem acceptablen Papier, zugleich der Auftrag, auf Anfordern zu acceptiren.

Der Bezogene muß aber, will er sicher gehen, **vor der Verfallzeit acceptiren**[8]. Er **kann schon früher jederzeit sein Accept geben**[9]. Hat er dasselbe ohne Zeitbestimmung versprochen, so muß er sofort auf Verlangen acceptiren.

Die Frage nach dem Recht des Bezogenen zu acceptiren hat den Sinn, daß er durch die seinem Accepte folgende Zahlung den Anspruch auf Deckung erlangt (s. Ziff. VIII.). Eine andere Frage ist die nach der Fähigkeit, sich durch Accept wechselmäßig verbindlich zu machen (s. §. 12). Diese erleidet eine Modification, wenn der Bezogene sich im Konkurs befindet (s. §. 12 Ziff. VII.).

VII. Der **Wechselvertrag** besteht in Geben und Nehmen eines Wechselversprechens. Hierin liegt

1. Der **Acceptant** ist Geber eines Wechselversprechens, indem er

A. sein Versprechen auf das **Wechselpapier** setzt (s. §. 47) und
B. die mit dem Accept versehene Tratte dem **Präsentanten giebt**.

Hiedurch **verspricht** er dem rechtmäßigen Inhaber des Wechsels (dem Trassanten, Remittenten, Indossatar) wechselmäßige Zahlung.

Das Recht aus einem solchen Versprechen kann **nicht mittelst Cession** auf einen Dritten übertragen werden. Centralorg. a. a. O.

7) Unter Umständen könnte aber in Annahme einer Deckung das stillschweigende Versprechen der Acceptation eines Wechsels liegen (Thöl W. R. §. 211 Ziff. II. 2. d).

8) Hier kommt nur die Deckung in Frage. Acceptirte der Bezogene nach Verfall, so könnte, weil er den Auftrag überschritten, ihm vom Trassanten die Deckung verweigert werden. Er mag sich hiegegen, wenn erst nach Verfall zur Annahme präsentirt wird, vom Präsentanten eine Caution geben lassen.

9) Hatte der Bezogene sein Accept dem Wechselinhaber gegeben, und erhält nun erst Contreordre vom Trassanten, so ist diese wirkungslos, d. h. sein Anspruch auf Deckung wird damit nicht beseitigt.

Anders, wenn er in Widerspruch mit dem (rechtzeitig gegebenen oder im Wechsel angekündigten) Avis acceptirt hatte (vgl. §. 19 Ziff. IX).

Die Wirksamkeit des Acceptes setzt also beides voraus: daß es auf das Wechselpapier geschrieben und dem Inhaber (oder seinem Vormann oder Vertreter) gegeben sei [10]. Denn ein Vertrag kommt nur durch den auf seinen Abschluß gerichteten Willen zu Stande. Dieser Wille wird aber als vorhanden **angenommen**, sobald das Accept **auf den Wechsel gesetzt ist**. Denn hierin liegt das „Ja" auf die Frage des Präsentanten, somit das Geben des Versprechens. Anders nur, wenn der Bezogene darthun könnte, es habe seinerseits an der **Absicht gefehlt**, sich zu verpflichten [11].

Aus jener Annahme (der Absicht des Acceptanten, sich zu verpflichten) folgt, daß eine ausgestellte Acceptation **nicht wieder zurückgenommen werden kann**. Würde der Bezogene sein Accept durchstreichen, so wäre er verpflichtet, an Stelle des ausgestellten aber zerstörten Acceptes ein anderes auszustellen und zu geben [12].

B. D. Art. 21.

---

10) Nach Erk. d. Ob. Trib. zu Berlin (15. Sept. 1859) ist bezüglich der **Perfection** des Wechselvertrages erforderlich, daß das Accept in die Hände dessen, welcher Rechte daraus geltend machen will, gelangt sei. Seufferts Archiv Bd. 14 S. 79 Nr. 53.

11) Das Geben und Nehmen des Acceptes muß mit dem Willen geschehen, den Wechselvertrag zu begründen. Dieser Wille bedarf aber nicht des **Beweises**. Auch das Geben und Nehmen bedarf nicht des Beweises, es genügt das **Haben** des Acceptes. Der Acceptant hat aber gegen den Wechselinhaber den Beweis frei, daß jener Wille oder daß ein Geben und Nehmen fehle (Thöl W. R. §. 216 S. 251).

12) Vgl. Thöl W. R. §. 216 Note 5. Weil in der Präsentation die Aufforderung zu versprechen liegt, so bedarf das Versprechen, die Acceptation, nicht noch erst einer hinterherigen **Annahme** (von Seiten des Wechselinhabers), sondern enthält schon einen perfecten Vertrag, der nur zweiseitig aufgehoben werden kann; sohin ist das Ausstreichen rechtlich wirkungslos. Vgl. Seufferts Arch. Bd. 13 S. 276.

Hingegen das Ob. Trib. zu Berlin hat (15. Sept. 1859) den Bezogenen für berechtigt erklärt, wenn er auf den ihm zur Annahme vorgelegten Wechsel den Acceptationsvermerk gesetzt hatte, denselben, **vor der Rückgabe** des Wechsels an den Präsentanten, zu durchstreichen, indem es die Acceptation nicht mit dem Augenblicke des hingeschriebenen Acceptes, sondern erst mit dessen **Uebergabe** an den Dritten als erfolgt erachtete. Borchardt (A. D. W. O. 5. Aufl.) Zus. 269 a. Vgl. indeß ebendas. Note 201. Vgl. Borchardt in Weiske's Rechtslex. Bd. 11 S. 385 Note 188 u. S. 386.

Aus einem anfangs unbedingt gegebenen Accepte, welches mit **Genehmigung des klagenden Wechselinhabers** nachträglich auf dem Wechsel wieder aufgegeben worden ist, erlangt ein solcher Kläger kein Wechselrecht gegen den Acceptanten. Denn einem **Dolus** gewährt auch das wechselrechtliche Verhältniß keinen Schutz. Borchardt (A. D. W. O. 5. Aufl.) Zus. 269 d.

2. Da die Tratte ein Ordrepapier ist, so leistet der Acceptant sein Versprechen zwar zunächst demjenigen Inhaber des Wechsels, welcher die Präsentation zur Annahme bewirkt; er verpflichtet sich aber in Gemäßheit des Ordrepapiers, sohin gegen jeden rechtmäßigen Nehmer des Wechsels. Gläubiger des Acceptanten ist also

A. der Trassant[13], wenn er den Wechsel an eigene Ordre gestellt und nicht begeben, oder durch Giro wieder erlangt, oder wenn er im Regreßwege den begebenen Wechsel wieder eingelöst (vgl. §. 71) hat (vgl. unten Ziff. XI.);

B. der Remittent oder Indossatar, welcher den Wechsel durch Begebung oder Wiedereinlösung (§. 71) rechtmäßig besitzt. Sie haben einen unbedingten Anspruch an den Acceptanten; dieser kann ihnen nicht Einwendungen aus unterliegenden Verhältnissen entgegensetzen.

VIII. Auch ein Nichtbezogener kann acceptiren, entweder als Avalist (§. 32) oder als Ehrenacceptant (§. 53). Ist der Wechsel auf mehrere Personen trassirt, und von Einem oder von Mehrern dieser Bezogenen (ohne Beschränkung) acceptirt, so haftet jeder Acceptant, wie wenn er der alleinige Schuldner wäre (solidarisch, vgl. §. 79 Ziff. II.)[14].

Da übrigens das Accept keinen Vertrag mit dem Präsentanten, sondern ein einseitiges Versprechen zum Vortheil des künftigen Inhabers ist, so steht die mit Einwilligung des Präsentanten geschehene Aufhebung desselben auch nur diesem entgegen, nicht aber den andern Betheiligten, welche bereits ein Recht aus dem Accepte erworben hatten. Borchardt in Weiske's Rechtsler. Bd. 14 S. 387 bei Note 200.

13) Es ist kein Grund denkbar, warum der Bezogene durch die Annahme des nicht begebenen Wechsels an eigene Ordre nicht dem Trassanten selbst, der zugleich Remittent ist, ebensowohl wechselrechtlich haften sollte, wie dieß nach erfolgter Begebung dem dritten Remittenten gegenüber der Fall ist. Borchardt (A. D. W. O. 5. Aufl.) Zus. 277.

14) Begründet die von einem Dritten (Nicht-Bezogenen) auf den (nicht-nothleidenden) Wechsel gesetzte Acceptationserklärung auch dann eine wechselmäßige Verhaftung desselben, wenn ein Accept des Bezogenen nicht hinzugekommen ist? Diese Frage ist vom Ob. Trib. Berlin und andern Gerichten verneint. Borchardt (A. D. W. O. 5. Aufl.) Zus. 614. Vgl. Arch. f. d. W. R. Bd. 14 S. 333. Württ. Arch. Bd. 6 S. 410—414.

Es begründet übrigens keine Verschiedenheit des Bezogenen von der Acceptantin, wenn die Letztere Inhaberin der bezogenen und mit „Herr" in der Wechseladresse bezeichneten Firma ist. Borchardt (A. D. W. O. 5. Aufl.) Zus. 266 a.

IX. Was den **Inhalt** des Acceptationsvertrages betrifft, so ist derselbe zunächst und im Allgemeinen nach seiner rechtlichen Natur ein **Summenversprechen** ohne Gegenversprechen (vgl. oben Ziff. II.), sodann aber insbesondere

A. ein Versprechen **auf Grund** und nach Maßgabe eines vom Trassanten gegebenen (und beziehungsweise begebenen) **Zahlungsauftrages**. Der Inhaber, welcher den Wechsel präsentirt, gründet sein Verlangen der Annahme oder Zahlung auf den Wechsel und dessen Begebung. Hieraus folgt:

1. Der Inhalt des Acceptes bestimmt sich nach der **Tratte**, nicht nach dem **Avis**, oder nach den sonstigen Verhältnissen zwischen Trassanten und Trassaten.

2. Der Acceptant haftet nur unter der Voraussetzung, daß der ihm überbrachte Zahlungsauftrag in **Wirklichkeit** dem Inhaber **begeben** ist. Er hat also die Einreden:

a. die Tratte sei **nicht begeben**, sondern nur ausgestellt gewesen, um begeben zu werden, dann aber **gestohlen, verloren**;

b. die Tratte sei **nicht so begeben**, wie sie laute, nehmlich stellenweise in Blanco gegeben, dann aber **anders**, als der Begebungsvertrag gestatte, **ausgefüllt** (auf eine andere Summe, eine andere Zahlungszeit, einen andern Zahlungsort, einen andern Wechselnehmer) [15];

c. der **Präsentant** sei nicht identisch mit dem **Wechselnehmer**.

B. Der Acceptant ist nach Maßgabe und in dem **Umfang seines Acceptes** verbindlich, also

1. für die **Wechselsumme**, soweit sie von ihm acceptirt erscheint (vgl. §. 48). **W. O. Art. 23.**

2. Wenn das Accept auf eine größere Summe lautet, als die Tratte (der Zahlungsauftrag), so gilt

a. für den Belauf der **gezogenen** (d. h. im Zahlungsauftrag enthaltenen) Summe das Accept als solches;

b. für den **Ueberschuß** ist das Accept kein Trattenaccept, denn

---

15) Die Thatsache allein, daß auf ein noch nicht völlig ausgefülltes Wechselformular das Accept gesetzt worden, begründet indeß keine Einwendung des Acceptanten, Seufferts Archiv Bd. 15 S. 80 Nr. 53.

Ueber die **falsche** und **verfälschte** Tratte s. §. 76.

dieses setzt einen Zahlungsauftrag voraus (vgl. oben unter A.), wohl aber unter Umständen ein **eigener Wechsel**[16], wenn nehmlich dessen Erfordernisse (§. 84) vorhanden sind (namentlich ein **Datum des Acceptes**).

3. Der Acceptant kann in seinem Accept einen andern **Verfalltag** beifügen (s. §. 48), widrigenfalls er an dem Verfalltag (wie auch an dem Zahlungsort), welchen die Tratte enthält, zu zahlen verpflichtet ist.

4. Ueber das Accept eines **Domizilwechsels** s. §. 23 Ziff. V.

X. Eine weitere **Verbindlichkeit** des Acceptanten geht

1. auf **Zinsen** von der Wechselsumme, und zwar

A. soferne er in **Verzug** ist. Dieser tritt ein mit rechtzeitiger **Präsentation** des Wechsels zur Zahlung.

Der **Zinsfuß** beträgt

a. **sechs Procent**, wenn das Accept ein Handelsgeschäft ist, oder landesgesetzlich die Verzugszinsen überhaupt auf 6 % gesetzt sind; hingegen

b. **fünf Procent**, soferne diese Voraussetzung (lit. a.) nicht zutrifft[17].

B. Wenn Acceptant und Wechselgläubiger **Kaufleute** und der Acceptationsvertrag ein beiderseitiges **Handelsgeschäft** ist[18], muß der Acceptant auch ohne Verzug vom **Verfalltage** an 6 % Zinsen zahlen.

2. Wurde der Wechsel Mangels Zahlung gehörig **protestirt**, so ist der Acceptant zur **Regreßsumme**[19] verpflichtet; er muß also außer der Wechselsumme auch bezahlen:

a. **sechs Procent Zinsen** vom Verfalltage ab;

b. eine **Provision** von ⅓ %;

c. die **Protestkosten**;

d. die andern **Ausgaben** (Auslagen, Kosten), welche der klagende

---

16) Thöl W. R. §. 218 Ziff. II. bei Note 5 und 6.

17) Löhr Centralorg. f. d. H. R. Bd. 2 S. 426. Vgl. Thöl W. R. §. 218 bei Note 10.

18) Thöl W. R. §. 218 bei Note 11. Vgl. Wächter Handelsrecht §. 18.

19) Die Regreßsumme kann der Wechselgläubiger nur **gegen Vorzeigung** und **Auslieferung** des **Protestes** Mangels Zahlung fordern. Vgl. Thöl W. R. §. 218 bei Note 13. Ueber die Regreßsumme s. unten §. 67—70.

Wechselgläubiger in Folge des Protestes gehabt, wie z. P. Porti und die Provisionen[20], welche er als Vormann einem Nachmann hat zahlen müssen.

Jeder Wechselnehmer kann das, was er von einem Vormann fordern darf, auch von dem Acceptanten ansprechen, und hat hierauf einen wechselrechtlichen Anspruch[21].

XI. Auch dem Trassanten haftet der Acceptant wechselmäßig[22]. Hiernach hat   W. D. Art. 23

1. der Trassant als Wechselgläubiger (vgl. oben Ziff. VII. 2. A.) gegen den Acceptanten aus dem Accept alle dieselben Rechte, wie der Remittent und der Indossatar.

2 Der Acceptant kann aber dem Trassanten die Einrede mangelnder Deckung entgegensetzen[23].

XII. Die Verpflichtung des Acceptanten hört nicht auf durch den Ablauf der Verfallzeit, falls auch die Präsentation zur Zahlung nicht erfolgt wäre, wohl aber durch gerichtliche Deposition (§. 58) oder durch Eintritt der Verjährung (§. 75).

XIII. Durch die Acceptation erlangt der Bezogene noch nicht einen Anspruch auf Deckung gegen den Bezogenen, sondern erst durch die Zahlung[24].

---

20. Vgl. Thöl W. R. §. 218. Anders der A. G. H. zu Köln (1. Dez. 1865) bei Löhr Centralorg. Bd. 2 S. 424 f.

21) Hierin liegt eine Abkürzung des Verfahrens und Verminderung der Schuld, weil sonst doch schließlich auf den Acceptanten die ganze volle Summe zurückfallen würde.

22) Vgl. oben Ziff. VII bei Anm. 13. Ueber die wechselmäßige Haftung des Acceptanten gegenüber dem Trassanten vgl. Krit. Vierteljahrsschrift Bd. 3 S. 207—210.

23) Vgl. §. 19. Die Einrede steht ihm auch dann entgegen, wenn er als Indossatar klagt. Diese Einrede hat aber der Acceptant nur, wenn verabredet war, daß die Deckung vor Verfall gemacht werden sollte. Denn die unverzügliche Deckung versteht sich nicht von selbst. (Thöl W. R. §. 219 Ziff. II.)

24) Ein Urth. des H. G. zu Hamburg (7. Oct. 1863) führt aus: Zwar ist es kaufmännischer Gebrauch, daß der Bezogene denjenigen, für dessen Rechnung er acceptirt, bei der Acceptleistung und nicht erst bei der Zahlung kreditirt, ein Gebrauch, der eine wesentliche Bedingung für die Uebersichtlichkeit des Rechnungsverhältnisses bildet; allein demselben sind keine rechtlichen Consequenzen zuzuschreiben, weil das Mandat so aufzufassen ist, daß der Auftrag ertheilt und übernommen ist, eine Zahlung zu leisten und zwar unter der Form der vorausgehenden wechselmäßigen Verpflichtung. Die Acceptleistung also vor der Einlösung des

§. 19.
Deckung und Avis.

I. Der Bezogene, wenn er die Tratte acceptirt oder bezahlt, vollzieht damit einen Auftrag, wofür ihn der Auftraggeber **decken** d. h. schadlos halten muß[1].

War der Bezogene dem Trassanten den Belauf der Wechselsumme **schuldig**, so tilgt die für Rechnung des Trassanten geleistete Zahlung jene Schuld.

Wechsels ist nur eine Bereiterklärung, das Mandat auszuführen, und erst aus der wechselmäßigen Zahlung, der Ausführung des Auftrags, folgt das Regreßrecht gegen den Mandanten auf Erstattung des für ihn Geleisteten. Die Annahme eines Contocourant, in welchem eine Belastung des Mandanten mit dem für seine Rechnung acceptirten Wechsel sich findet, hat folglich an sich auch keine weitere Bedeutung, als daß der Mandant Kenntniß von der Bereiterklärung des Acceptanten hat, seinen Auftrag auszuführen, und enthält keine Anerkennung, daß dieser Auftrag ausgeführt worden. Goldschmidt Zeitschr. f. d. H. R. Bd. 8 S. 117 u. Bd. 4 S. 163.

1) Der Anspruch auf Deckung erwächst dem Bezogenen unmittelbar und lediglich durch den in der Tratte enthaltenen **Zahlungsauftrag** und dessen **Ausführung**. Er braucht nicht das **Innere des Wechselverhältnisses**, welches zu der Ziehung Veranlassung gegeben hat, darzulegen. Auch wenn die Tratte **ohne Avis** auf ihn gezogen ist, und er honorirt hat, kann er Deckung fordern (Thöl §. 208 Note 16). Anders einige der Entscheidungen bei Borchardt (A. D. W. O. 5. Aufl.) Zus. 280; vgl. indeß ebendas. Note 208 a. Vgl. auch Goldschmidt Zeitschr. f. d. H. R. Bd. 13 S. 261—270. Die Klage auf Deckung resp. Erstattung Betrages ist die s. g. **Revalirungsklage**.

Durch Ausstellung und Girirung eines an eigene Ordre gezogenen und vom Bezogenen aus Gefälligkeit acceptirten Wechsels übernimmt der Aussteller nicht bloß die wechselmäßige Verpflichtung gegen seine Nachmänner (die Regreßverbindlichkeit), sondern auch die civilrechtliche Verpflichtung, bei Verfall des Wechsels dem Acceptanten Deckung zu gewähren oder das von demselben ohne Deckung auf das Gefälligkeitsaccept Gezahlte zu erstatten. Ueber die Deckungsansprüche im Konkurs des Wechselziehers s. §. 82 Ziff. IV. Vgl. Borchardt (A. D. W. O. 5. Aufl.) Zus. 282 a. und 284.

Derjenige, welcher aus Gefälligkeit für den Trassanten, als dessen Mandatar, einen Wechsel acceptirt, hat zwar gegen den Zieher einen Anspruch darauf, daß ihm vor dem Verfalltage Deckung eingesandt werde; allein dieser Anspruch kann von den Gläubigern des Acceptanten gegen letzteren bei dem Trassanten (nach Erk. d. A. G. zu Köln) nicht mit Arrest bestrickt werden. Borchardt (A. D. W. O. 5. Aufl.) Note 210 S. 176.

Steht der Bezogene mit dem Trassanten in einem Kontokurrentverhältniß, so wird jenem die Wechselzahlung in laufender Rechnung gut geschrieben. Besteht ein solches Verhältniß nicht, so wird der Trassant sich wegen seiner Tratte speziell mit dem Bezogenen ins Benehmen setzen, ihn veranlassen, dieselbe einzulösen, sei es auf Kredit oder so, daß der Trassant dem Bezogenen die Mittel der Wechselzahlung einsendet[2].

Unter Deckung versteht man demgemäß diejenigen Werthe, welche den Bezogenen, von welchem die Zahlung einer Tratte erwartet wird, in den Stand setzen, diese Zahlung zu bewirken, ohne dadurch in Vorschuß zu kommen (Deckung im engeren Sinne), oder doch so, daß er wegen seines Vorschusses vollständige Sicherheit in Händen habe (Deckung im weiteren Sinne).

Jene Art von Deckung ist vorhanden, wenn der Bezogene dem, für dessen Rechnung der Wechsel geht, eine dem Betrag gleichkommende Summe gleichzeitig schuldet, oder wenn dieser jenem vor Verfall den Betrag in Geld oder Wechseln anschafft.

Deckung im weitern Sinn aber kann bestehen in Waaren, welche der Bezogene von dem, für dessen Rechnung er zahlen soll, in Händen hat, oder in Abtretung erst später verfallender Forderungen.

Die Deckung kann auch dadurch erfolgen, daß der Trassant den Bezogenen veranlaßt, sich für die betreffende Summe auf ihn oder auf einen Dritten[3] zu erholen (zu remboursiren), d. h. zu trassiren.

Zieht der Trassant zufolge Auftrages eines Dritten, in der Weise, daß der Bezogene sich wegen dessen, was er bezahlt, nicht an den Trassanten, sondern an den Dritten halten soll, — so hat dieser Dritte die Deckung zu beschaffen[4]. Denn die Deckung liegt demjenigen ob, für dessen Rechnung die Wechselzahlung geleistet werden soll[5].

---

2) Ueber das Trassiren auf baar, auf Schuld und auf Kredit vgl. unten Ziff. XIII.

3) Vgl. §. 21.

4) Natürlich ist der Dritte nur insoweit für die Deckung verbindlich, als er, für seine Rechnung zu trassiren, den Trassanten ermächtigt hatte.

5) Nicht der Aussteller von Kommissionstratten, sondern dessen genügend bezeichneter Gewaltgeber haftet dem Bezogenen für Deckung. Wer einen für Rechnung eines Dritten gezogenen Wechsel ohne Vorbehalt annimmt, erkennt damit an, daß dieser Dritte, und nicht der Wechselzieher, deckungspflichtig sei. Borchardt (A. D. W. O. 5. Aufl.) Zus. 281.

Dieses Verhältniß wird gewöhnlich in dem Wechsel **angedeutet**⁶; der Avisbrief berichtet dem Bezogenen das Genauere.

Der Trassant, welcher ausdrücklich **für fremde Rechnung trassirte, haftet dem Bezogenen für die Deckung nicht**, weil er sich dagegen verwahrt hat; es wäre denn, daß der Trassant dem Bezogenen einen Auftrag des Dritten vorgespiegelt hätte, während ein solcher nicht bestand. In diesem Falle kann er wegen seiner Arglist haftbar werden. Auch die **Acceptation für fremde Rechnung schließt die Deckungsklage gegen den Trassanten aus**⁷.

Wenn aber nicht erhellt, daß für Rechnung eines Dritten trassirt oder acceptirt worden, so **gilt die Tratte zunächst für Rechnung des Trassanten gezogen**⁸, **und der Trassant ist es, welcher dem Bezogenen für die Deckung haftet.**

Der Bezogene hat also für den Betrag, welchen er aus dem **Wechsel zahlt, einen Anspruch auf Deckung**⁹, soferne nicht ein den Deckungsanspruch gegen den Trassanten ausschließendes Verhältniß vorliegt. Letzteres ist z. B. der Fall, wenn der Acceptant **Schuldner des Trassanten** ist, oder sich für einen Dritten mittelst des

---

6) Der Namen oder die Firma des betreffenden Dritten wird nur mit den **Anfangsbuchstaben** bezeichnet („und stellen ihn [d. h. den Werth] auf Rechnung N. N. laut Bericht").

7) **Accept für Rechnung des Remittenten** schließt die Deckungsklage gegen den Trassanten aus, auch ohne Uebereinkunft zwischen Trassanten und Acceptanten. Goldschmidt Zeitschr. f. d. H. R. Bd. 8 S. 148 ff. insbes. S. 152. Ueber die **Beweislast** des Trassanten s. ebendas. S. 148.

8) Denn jeder Vertrag erscheint im Zweifel als für Rechnung des Kontrahenten selbst geschlossen (Thöl a. a. O. S. 223).

9) Wenn der Bezogene gegen das Versprechen von Deckung vor Verfall acceptirte, aber keine Deckung erhielt, und nun, nachdem der Wechsel in andere Hände gelangte, in **Konkurs** geräth, so kann der Konkurskurator gegen den Trassanten dahin klagen, daß dessen Verbindlichkeit festgestellt werde, der Konkursmasse dasjenige zu erstatten, was die Wechselgläubiger auf die in ihren Händen befindlichen Wechsel künftig aus der Konkursmasse gezahlt erhalten würden. Löbr Centralorg. f. d. H. R. Bd. 1 S. 145.

Ueber die Frage, ob der Anspruch auf die Deckung **schon durch die Acceptation**, oder erst durch die Zahlung begründet werde, vgl. §. 18 Ziff. XIII.

Die Klage des Bezogenen auf Deckung heißt **Revalirungsklage** (vgl. Goldschmidt Zeitschr. f. d. H. R. Bd. 8 S. 150.

Acceptes verbürgen wollte[10], oder wenn er für fremde Rechnung acceptirt, beziehungsweise zahlt.

Der Trassant wird dadurch, daß er für fremde Rechnung trassirte, zwar seiner Deckungspflicht, nicht aber seiner wechselmäßigen Regreßverbindlichkeit enthoben. Denn das Deckungsverhältniß berührt nur den Bezogenen, nicht aber die Stellung des Trassanten zu dem Remittenten und den Indossataren.

II. Die Deckung (provision; couverture) begreift außer der zu entrichtenden Wechselsumme auch die weitergehende Schadloshaltung des Bezogenen, also namentlich Zinsen und Kosten, sowie die etwa versprochene oder herkömmliche Provision. Letztere besteht meist in $1/3$ oder $1/2$ Procent der Wechselsumme [11].

III. Der Anspruch des Bezogenen auf Deckung ist kein wechselrechtlicher. Eine wechselmäßige Verbindlichkeit bildet nur das Versprechen des Trassanten an den Remittenten oder Indossatar bezüglich der Einlösung des Wechsels, nicht aber sein Verhältniß zu dem Bezogenen, welches lediglich als Mittel der Realisirung jenes Versprechens in Betracht kommt. Diese innere Seite des Verhältnisses, die Art und Weise, wie der Trassant die Honorirung seiner Tratte bewerkstelligt, seine Abrechnung mit dem Bezogenen, bleibt dem Wechsel selbst fremd [12].

Einen wechselmäßigen Anspruch könnte der Bezogene nur erlangen, wenn an ihn der Wechsel indossirt wird; allein dann erscheint er als Indossatar, und hat die Wechselforderung gegen den Trassanten nicht, indem er zahlt oder acceptirt, sondern nur, wenn er dieß verweigert und protestiren läßt.

Ueberhaupt aber erscheint der Anspruch auf Deckung nicht schon durch die Annahme oder Zahlung des Wechsels begründet, sondern

---

10) Wenn der Bezogene als Bürge für einen Dritten und nicht als Mandatar des Trassanten acceptirte, so liegt hierin ein den Regreßanspruch gegen den letzteren ausschließendes Rechtsverhältniß. Goldschmidt Zeitschr. f. d. H. R. Bd. 8 S. 150.

11) Thöl W. R. §. 208 Ziff. II.

12) Es wäre auch ungeeignet, dem Zahler eine Wechselforderung auf Deckung gegen den Trassanten zuzugestehen, weil dieser, wenn er Deckung angeschafft hat, hierüber, nach der Natur des Trattengeschäfts nie einen liquiden Beweis in die Hände bekommt, und also gegen jenen sehr in Nachtheil sein würde, wenn er im Wechselverfahren belangt werden sollte.

erst dadurch, daß der Bezogene anderweit in einem Verhältniß steht, vermöge dessen ihm der Zieher beim Accept oder der Zahlung verpflichtet wird [13].

Der Anspruch des Bezogenen auf Deckung verjährt, weil er keine Wechselforderung ist, nicht in der für letztere, sondern in der für gewöhnliche Schuldforderungen der betreffenden Art in dem betreffenden Staate geltenden Frist [14].

IV. Wenngleich der Anspruch des Bezogenen auf Deckung kein wechselrechtlicher ist, so kann er doch im Wechselprozeß in Einem Falle zur Geltung gebracht werden nehmlich als Einrede (des Dolus) gegen den Trassanten, wenn dieser selbst gegen den Acceptanten klagt, während er versprochene Deckung nicht gemacht hatte [15].

Abgesehen aber von einem solchen Versprechen würde der Nichtempfang einer baaren Deckung für den Acceptanten noch keine Einrede gegen die Wechselklage des Trassanten begründen, weil ja auch ein Kreditiren der Deckung vereinbart sein konnte.

Schon aus diesem Grunde ist zu Begründung des Anspruchs gegen den Acceptanten auf Zahlung nicht die Thatsache gegebener Deckung (oder deren Beweis) erforderlich [16].

V. Der Bezogene wird ohne Deckung oder doch sichere Aussicht auf solche nicht zahlen, und also auch nicht acceptiren. Deßhalb liegt es im Interesse des Trassanten, daß er vor Begebung des Wechsels die Deckung bereinige oder wenigstens sich vergewissere, ob der nicht gedeckte Bezogene auf Kredit acceptiren wird.

War der Bezogene Schuldner des Trassanten, so löscht er in Folge der Zahlung die betreffende (konkurrente) Summe an seiner

---

13) Die Ziehung des Wechsels trägt nicht schon in sich selbst ein Mandat an den Bezogenen mit der Wirkung einer Schadloshaltung durch Deckung. Centralorgan f. d. H. R. v. Löhr. N. F. Bd. 4 S. 302—305.

14) Der Anspruch fällt in die Rubrik der Auslagen in Mandatsverhältnissen.

15) Im Uebrigen ist der Einwand des Acceptanten zu verwerfen, daß er von dem klagenden Aussteller keine Valuta erhalten habe. Centralorg. Bd. 2 S. 424. Die andere Ansicht s. ebendas. S. 427.

16) Die Zahlungsverbindlichkeit des Acceptanten ist keineswegs davon abhängig, daß dieser die in dem Wechsel ausgesprochene Summe baar erhalten hat; es genügt vielmehr, daß der Acceptant, insoweit er die Einwendung der nicht erhaltenen Wechselvaluta zu machen berechtigt wäre, jenes Entgelt, sei es in Sachen oder Leistungen, empfangen hat, wie es für die Annahme des Wechsels bedungen wurde. Archiv f. d. W R. Bd. 15 S. 91 Nr. 18.

Schuld. Er kann dieß schon dann thun wenn er acceptirt, weil er hiedurch eine absolute Zahlungsverpflichtung in anderer Form übernimmt. Nur würde seine Schuld wieder aufleben, wenn es nicht zur Zahlung des Wechsels kommt.

War eine bestimmte Art der Deckung dem Bezogenen angeschafft, oder mit ihm vereinbart, und er acceptirt oder bezahlt nun trassirtermaßen (nicht zu Ehren eines Andern) den Wechsel, so kann er gegen die Art der Deckung nichts mehr einwenden, sondern muß sich mit derselben begnügen, es wäre denn, daß sie ohne seine Schuld wieder vereitelt würde.

Fand hingegen ein solches Einverständniß nicht statt, so kann der Bezogene jede andere als baare Deckung zurückweisen.

VI. Hatte der Bezogene als Kaufmann Waaren des Trassanten in Händen, so kann er wegen der Deckung das kaufmännische Zurückbehaltungsrecht geltend machen, soferne dessen Voraussetzungen vorliegen.

VII. Die Frage, auf wessen Gefahr die Deckung stehe? entscheidet sich danach, wer Eigenthümer ist. Hatte der Trassant dem Bezogenen die Deckungsmittel übersandt, und diese gehen durch Zufall zu Grund, ehe der Bezogene sie verwendet, so kann der letztere neue Deckung ansprechen. War hingegen der Bezogene Schuldner des Trassanten, und hatte dieser auf Schuld trassirt, so trifft die Gefahr des Unterganges der Mittel, welche zur Zahlung des Wechsels vom Bezogenen bestimmt gewesen, lediglich den letzteren

VIII. Wie der Bezogene gegen den Trassanten, so hat der Domiziliat gegen den Bezogenen, für dessen Rechnung er zahlt, Anspruch auf Deckung [17]. Hiebei wird vorausgesetzt, daß der Bezogene (Acceptant) die Adresse des Domiziliaten auf den Wechsel gesetzt habe. Geschah dieß durch den Trassanten, so handelte er im Zweifel in der Voraussetzung, der Bezogene werde bei dem Domiziliaten die Zahlung leisten lassen und ihm Deckung machen. Der Domiziliat muß sich daher, ehe er Zahlung leistet, bei dem Bezogenen vergewissern, ob dieser die Zahlung, als für seine Rechnung geleistet, anzuerkennen gemeint ist [18].

---

17) Siehe §. 23 Ziff. VII.
18) Denn es handelt sich von Ansprüchen aus einem Mandat (vgl. Thöl W. R. §. 209 bei Note 1).

IX. Würde der Bezogene den Auftrag des Trassanten (oder der Domiziliat den des Bezogenen) überschreiten, so wäre er insoweit des Anspruchs auf Deckung verlustig, und müßte, wenn er bereits Deckung in Händen hatte, Ersatz leisten.

Dasselbe gilt, wenn ihm rechtzeitig Gegenordre ertheilt war, und er dieselbe nicht beachtete. Hatte indeß der Bezogene bereits acceptirt, so kommt eine Gegenordre zu spät [19].

X. Das Deckungsverhältniß findet nur zwischen dem Trassanten und Bezogenen (beziehungsweise zwischen dem Bezogenen und Domiziliaten) statt. Dem Nehmer des Wechsels steht kein Anspruch an die Deckung zu, welche etwa der Bezogene (beziehungsweise Domiziliat [20]) in Händen hat. Wenn also der Trassant fallirte, und nun Bezogener Accept und Zahlung verweigert, so kann der Wechselinhaber sich nicht an die Deckung halten. Er hatte (so lange nicht acceptirt ist) lediglich einen Regreßanspruch gegen den oder die Wechselgeber.

Er kann ebendeßhalb auch nicht von dem Trassanten den Nachweis verlangen, daß Deckung beschafft sei.

XI. In der Regel enthält die Tratte eine auf die Deckung bezügliche Formel ("und stellen ihn auf Rechnung" oder "Sie stellen ihn, d. h. den Werth, auf meine Rechnung"). Sie besagt, daß der Trassant sich mit dem Bezogenen über die Zahlung berechnen wolle, und ist, da diese Verpflichtung schon aus der Thatsache des Trassirens selbst folgt, ohne wechselrechtliche Bedeutung, sohin kein wesentlicher Bestandtheil der Tratte [21].

Nur wenn für fremde Rechnung trassirt wird, ist eine bezügliche Formel ("stellen ihn auf Rechnung N." vgl. oben Ziff. I. bei Anm. 6) von Belang.

XII. Gegen die Deckung hat der Bezogene die Zahlung zu leisten und die Tratte auszuliefern.

Dieß ist jedoch nicht so zu verstehen, als ob nun Jeder sich gefallen lassen müßte, daß auf ihn beliebig trassirt werde, soferne er nur Deckung erhielte. Ein Auftragsverhältniß setzt immer die Geneigt-

---

19) Vgl. §. 18 Ziff. VI.

20) Auf die Deckung bei dem Domiziliaten hat weder der Wechselinhaber noch der Trassant einen Anspruch. Löhr Centralorg. f. d. H. R. Bd. 1 S. 336.

21) Die Art der Deckung kann nicht aus der Formel "stellen es auf Rechnung" gefolgert werden, wohl aber häufig aus dem Avisbrief (Thöl a. a. O. S. 222).

heit des Beauftragten voraus. Ist aber diese von dem Bezogenen ausgesprochen (sei es für die einzelne Tratte oder ein für allemal), so muß er gegen die Deckung dem legitimirten Wechselinhaber die Zahlung leisten. Durch die Weigerung der Honorirung würde er zwar nicht dem Remittenten oder Indossatar, wohl aber dem Trassanten verantwortlich. Indeß ist dieser Anspruch kein wechselmäßiger.

Uebrigens begründet die Acceptation noch keine Vermuthung dafür, daß der Bezogene (Acceptant) wirklich gedeckt sei [22].

XIII. Je nach dem Verhältniß der Deckung kommt vor

1. ein Trassiren auf Deckung: wenn der zur Schadloshaltung des Bezogenen dienende Werth (Deckungsfonds, Anschaffung) dem Bezogenen beschafft ist, sei es

a. dadurch, daß ihm baare Fonds behufs der Zahlung übermacht werden (Trassiren auf baare Fonds). Dem steht gleich die Uebermachung von Kreditpapieren, welche entweder früher fällig sind und bezahlt werden (als die Tratte), oder, welche der Bezogene statt Baarzahlung gelten läßt.

b. Der andere Fall des Trassirens auf Deckung ist, daß auf Schuld trassirt wird, daß nehmlich der Bezogene Schuldner des Trassanten und die Kompensation gesetzlich oder verabredeterweise statthaft ist [23].

2. Ein Trassiren auf Kredit ist es, wenn der Trassant (oder der Dritte, für dessen Rechnung trassirt wird) für den entnommenen Betrag (oder einen Theil desselben) Schuldner des Bezogenen werden will.

3. Ein Trassiren auf gedeckten Kredit liegt vor, wenn dem Bezogenen eine gewisse Sicherheit gewährt wird oder ist, so daß er nun durch die Zahlung in Vorschuß kommen soll, aber etwa einen Wechsel oder Schuldschein, oder ein Pfand, oder ein Zurückbehaltungsrecht dafür bekommen hat.

XIV. Der Trassant verständigt den Bezogenen über die auf ihn

---

22) Eine solche Vermuthung ist weder für den Trassanten noch für den Wechselinhaber begründet.–Ueberhaupt läßt sich aus der Acceptation kein Schluß auf das Verhältniß des Acceptanten mit dem Trassanten (oder dem Dritten, für dessen Rechnung trassirt wurde) machen (Thöl a. a. O. S. 222 f.).

23) Es läßt sich nicht eine rechtliche Vermuthung dafür aufstellen, daß jedes Accept auf Grund einer Schuldverpflichtung des Acceptanten gegen den Trassanten gegeben worden. Archiv f. d. W. R. Bd. 15 S. 325 f.

abgegebene Tratte. Häufig thut er dieß in einem besonderen Schreiben, dem **Avisbrief** (Benachrichtigungsschreiben, Bericht, Spaccio). In demselben giebt er detaillirter, als in dem Wechsel selbst thunlich ist, diejenigen Nachrichten bezüglich der Tratte, welche den Bezogenen interessiren können, namentlich: unter welchem Tage, für welche Summe, auf welche Verfallzeit, an wessen Ordre der Wechsel ausgestellt ist. Zugleich wird wohl der Bezogene ersucht, den Wechsel bei Vorkommen acceptiren und bei Verfall einlösen zu wollen, indem zugleich das Deckungsverhältniß vorschlagsweise angegeben ist.

1. Der **Zweck** des Avisbriefs geht zunächst dahin, den Bezogenen zu veranlassen, daß er die Tratte honorire. Er dient aber auch als Vorsorge gegen **Fälschung** oder Betrug, indem nun der Bezogene die ihm präsentirte Tratte mit dem Avis vergleichen und hiedurch eine Verfälschung um so leichter entdecken wird.

2. In der Regel ist es der **Trassant**, welcher avisirt. Bei dem **Wechsel für fremde Rechnung** (s. §. 21 Ziff. II.) kommen zwei Avisbriefe vor, nehmlich von dem Trassanten, und sodann von demjenigen, für dessen Rechnung trassirt werden soll. Doch kann auch entweder nur der Trassant oder der Kommittent den Bezogenen avisiren.

3. Auf den Avisbrief nimmt die Tratte Bezug, indem sie den Bezogenen auffordert, er solle zahlen „**laut Avis**" („laut Bericht"). Diese Fassung der Tratte veranlaßt den Bezogenen, daß er nicht eher acceptirt oder bezahlt, als nach Empfang des entsprechenden Avisbriefes, und nur in Gemäßheit des letzteren. Derselbe kann den Zahlungsauftrag der Tratte nicht nur erläutern und näher bestimmen, sondern auch **modifiziren**[24]. Geschieht letzteres, so wird der Bezogene nicht trassirtermaßen, sondern nur **avisirtermaßen** dem Präsentanten der Tratte die Zahlung oder das Accept leisten. Denn er hat auf Deckung gegen den Trassanten nur insoweit ein Recht, als er dem Auftrag nachgekommen ist, also nicht, soferne er diesen überschritten hätte[25].

---

24) Der Avis ist also Ordre, **Nebenordre** oder **Contreordre** (vgl. Thöl W. R. §. 204).

25) Vgl. Thöl §. 207 S. 220.
Die Worte im Wechsel: „**und stellen es auf Rechnung**" haben nicht die Verpflichtung des Bezogenen zur Folge, bei seiner Klage eine **weitere Rechnung** vorzulegen.
Die Worte: „**laut Bericht**" verpflichten den Bezogenen nicht, einen wei-

4. Nicht immer wird ein Avis gegeben. Er unterbleibt namentlich bei kleinen Beträgen. Alsdann lautet der Wechsel wohl „ohne Bericht" oder „ohne besondern Bericht", „ohne Avis".

Ist bei Ausstellung des Wechsels der Trassant noch unschlüssig, ob er besonderen Bericht ertheilen will, so schreibt er im Wechsel: „laut oder ohne Bericht".

In diesen Fällen kann der Bezogene bei Vorkommen des Wechsels ohne Weiteres acceptiren und bei Verfall bezahlen. Hatte er bereits acceptirt und erhält nun erst noch einen modifizirenden Avis, oder eine Contreordre, so kann hieburch sein Anspruch auf Deckung nicht mehr aufgehoben werden, da er in Folge des Auftrages ein Zahlungsversprechen gegeben, und nicht mehr die Möglichkeit hat, der Einlösung sich zu entziehen.

Ebendeßhalb ist es rathsam, daß der Trassant, wenn er „laut oder ohne Bericht" abgab, mit erster Post den Avisbrief versende, soferne er überhaupt avisiren will. Ebenso, wenn er „laut Bericht" trassirte, damit nicht der Bezogene, aus Mangel an Bericht, bei Vorkommen des Wechsels die Annahme oder Zahlung verweigere, und der Wechsel unter Protest zurückgehe.

5. Der Trassant versendet den Avis auf seine Kosten, soferne nicht etwas anderes verabredet, namentlich die Versendung des Avisbriefes von dem Wechselnehmer übernommen wurde [26].

6. Der Avisbrief kann auch mit dem Wechsel dem Remittenten übergeben werden, damit dieser ihn an den Bezogenen einsende oder bei der Präsentation des Wechsels behändige. Heutzutage ist dieß weniger üblich. Würde in diesem Falle der Remittent oder der Inhaber des Avisbriefes denselben nicht gehörig bestellen, so können Verlegenheiten für den Trassanten entstehen, dessen Sache die rechtzeitige Avisirung des Bezogenen bleibt.

7. Eine Verpflichtung des Trassanten, einen Avisbrief zu

---

teren Bericht zur Begründung seiner Deckungs-Klage beizubringen; doch steht dem Trassanten das Recht zu, auf Edition (Vorlegung) eines schriftlichen Berichts anzutragen, wenn dessen Vorhandensein erwiesen ist. Borchardt (A. D. W. O. 5. Aufl.) Note 107 c. 3. S. 87.

26) Diese Uebernahme liegt, wenn nicht die Umstände dagegen sind, in der Uebernahme des Avisbriefes, und wird dann oft in dem Wechsel bemerkt, z. B. durch die Clauseln: laut übergebenen, ausgelieferten, behändigten Avis (Thöl a. a. O. §. 207 S. 220).

geben, besteht, sofern nicht in dem Wechselschluß die Avisirung besonders bedungen war, nicht. Es ist lediglich seine Sache, wie er die Honorirung des Wechsels bewerkstelligt, und dem Regreß des Wechselinhabers vorbeugt.

8. Es erlangt aber auch der Trassant durch die Avisirung noch kein **Recht gegen den avisirten Bezogenen**. Dieser ist nicht einmal verpflichtet, den Avisbrief zu beantworten, mag er den Wechsel honoriren wollen oder nicht. Doch ist er, will er nicht honoriren, nach Handelsrecht zur Antwort in dem Falle gehalten, wenn er entweder in einer bezüglichen Geschäftsverbindung mit dem Aussteller steht, oder sich zu dergleichen Wechselgeschäften erboten hatte. Ein Schweigen würde in dem einen oder andern Falle als Uebernahme des Auftrages gelten und den Bezogenen für den Schaden haftbar machen welcher durch die Nichteinlösung des Wechsels von Seiten des Bezogenen dem Trassanten erwächst.

9. Durch **bejahende Beantwortung** des Avisbriefes übernimmt der Bezogene dem Trassanten gegenüber den Zahlungsauftrag, sohin die Verpflichtung, den Wechsel zu honoriren. Diese Verbindlichkeit ist aber **keine wechselmäßige**; sie kann nur im Wege des gemeinen Prozesses (nicht durch Wechselverfahren) verfolgt werden, und zwar nur von dem Trassanten, nicht von dem Remittenten oder Indossatar. Bei Nichterfüllung jener Verpflichtung muß der Bezogene für den **Schaden** des Trassanten aufkommen.

§. 20.
Die Valuta.

I. Der **Aussteller** des Wechsels empfängt für denselben **von dem Remittenten einen Gegenwerth**. Dieser heißt Valuta, und bildet gewissermaßen den **Kaufpreis** des Wechsels, wenn man nehmlich das Geschäft zwischen Geber und Nehmer als Kauf des Papiers auffassen will [1].

Die Valuta bezeichnet das dem Wechselgeschäft zwischen Nehmer und Geber **unterliegende Verhältniß**, und kann der verschiedensten Art sein [2]. Eben deßhalb erscheint es **nicht auf dem Wech-**

---

1) Vgl. §. 14 Ziff. VI.
2) Hiebei kommen die gleichen Gesichtspunkte in Betracht, wie bei den zwischen dem Trassanten und Bezogenen unterliegenden Verhältnissen, vgl. §. 14.

sel selbst, und begründet (ähnlich wie das Deckungsverhältniß[3], nicht einen wechselmäßigen Anspruch (vgl. Ziff. IX.).

II. Nicht immer besteht das Valutenverhältniß in der oben angedeuteten Weise zwischen dem Aussteller und Remittenten. Es kann auch zwischen jenem und einem Dritten bestehen, welch letzterer nicht nothwendig auf dem Wechsel selbst als Interessent aufgeführt ist, sondern den Wechsel auf den Namen eines Andern hat stellen lassen[4]. So z. B. wenn ich, um meinen auswärtigen Gläubiger zu bezahlen, einen Freund beauftrage, mir einen Wechsel dahin zu verschaffen, welchen dieser sofort an die Ordre jenes Gläubigers stellen läßt; der letztere erscheint als Remittent, während ich dem Aussteller die Valuta schulde.

III. Wenn der Remittent den Wechsel weiter begiebt, so entsteht hiedurch ein neues Valutenverhältniß, zunächst zwischen dem Indossanten, welcher als Wechselgeber, und dem Indossatar, welcher als Nehmer des Wechsels sich darstellt, also zwischen dem Vormann und Nachmann. Der Vormann steht in demselben Verhältniß zu seinem Nachmann, wie ein Aussteller des Wechsels zu dem Remittenten. Dasselbe gilt von dem Valutenverhältniß zwischen einem folgenden Indossanten und Indossatar[5].

IV. Endlich kann auch mittelst Blankoindossamentes der Wechsel ohne neues Indossament weiter begeben werden, wobei denn der Geber zwar nicht eine wechselmäßige Verbindlichkeit übernimmt, aber Wechselrechte gegen Dritte seinem Nehmer überträgt, und sich von diesem in der Regel eine Valuta für den übertragenen Wechsel vergüten läßt. Das Blankoindossament kann von dem ersten oder einem späteren Nehmer ausgefüllt werden, oder unausgefüllt bleiben[6]: es läßt sich also nicht daraus erkennen, welches Valutenverhältniß obwaltete.

---

3) Man spricht wohl auch bei dem Deckungsverhältniß von einer Valuta, und bezeichnet damit den Werth, welchen der Bezogene für die Leistung der Wechselzahlung vom Trassanten erhält, d. h. eben die Deckung (s. §. 19). In der gegenwärtigen Darstellung aber ist unter Valuta stets nur die dem Geber, unter Deckung hingegen die dem Bezogenen (resp. Domiziliaten) zukommende Schadloshaltung verstanden.

4) Vgl. §. 21.

5) Denn in jedem Indossament ist eine Tratte enthalten. Das Valutenverhältniß kann entweder zwischen dem Indossanten und dem Indossatar oder zwischen jenem und einem Dritten bestehen. Letzteres wird zuweilen in dem Indossament angedeutet durch die Worte: „Valuta von Herrn N.", oder „Valuta in Rechnung N". Vgl. Thöl W. R. §. 254.

6) S. §. 40.

V. In der Regel, z. B. wenn ich einen Wechsel kaufe, bildet die Valuta den **Preis** des Wechsels, also die Wechselsumme nach ihrem **Werth** an dem Ort und zur Zeit des Wechselschlusses zwischen mir und meinem Wechselgeber. Hiezu kommt oft noch eine besondere **Provision** (von ¼, ⅓, ½ Procent), welche sich der Wechselgeber bedingt. Jener Preis bildet sich meist an Wechselplätzen als **Marktpreis** und wird als **Kurs** notirt.

Wenn nun keine andere Bestimmung über die Valuta getroffen wurde, so muß dieser Kurs verstanden gelten, wie er für dergleichen (kürzeres oder längeres) Papier an dem maßgebenden Wechselplatze notirt ist[7].

VI. Ueber die Berichtigung der Valuta findet sich gewöhnlich (nicht nothwendig[8]) eine Andeutung in dem Wechsel (oder dem Indossamente), die s. g. Valuten-Klausel oder Valuten-Formel, das Valutabekenntniß[9], z. B. „Werth erhalten", „Werth baar erhalten", „Werth von demselben", „Werth von Herrn (Name)", „Werth vergnügt", „Werth in Waaren erhalten", „Werth in Banco", „Werth in Wechseln", „Werth gewechselt", „Werth per riscontro", „Werth verstanden", „Werth in Rechnung"[10], „Werth in Erwartung", „Es soll mir validiren", „Es soll mir gute Zahlung sein", „Werth in mir selbst"[11], „Werth in meinem Indossament".

Alle diese Klauseln lassen die Art und Weise des Valutenverhältnisses **nicht ersehen**. Die meisten derselben lassen nicht einmal mit

---

7) Ueber Wechselkurs und Wechselpari vgl. Wächter, Wechsellehre (Stuttgart 1861) §. 76 u. 77 S. 213—216.

8) Nach **französischem** Rechte ist die Valutaklausel wesentlich, und die Klausel „Werth erhalten", ohne weiteren Beisatz, nicht genügend. Borchardt (A. D. W. O. 5. Aufl.) Note 107 Ziff. 3. e. f. S. 87.

9) Ueber die **historische** Entwicklung des Valutabekenntnisses vgl. Archiv f. d. W. R. Bd. 14 S. 17 ff., über das **praktische** Motiv seiner Beibehaltung: ebendas. S. 29.

10) Die Klausel „**Werth in Rechnung**" beweist es bis zum Gegenbeweise, daß der Aussteller den Werth des Wechsels durch Aufrechnung einer dem Wechselnehmer wider ihn zustehenden Forderung erhalten hat. Borchardt (A. D. W. O. 5. Aufl.) Note 107 Ziff. 3. d.

11) Die bei Wechseln an eigene Ordre vorkommende Klausel: „**Werth in mir selbst**" bedeutet nur, daß kein Wechselnehmer vorhanden sei, welcher die Valuta für den Wechsel bezahlt habe, nicht aber, daß dem Trassanten ein Guthaben bei dem Bezogenen zustehe. Borchardt (A. D. W. O. 5. Aufl.) Note 107 Ziff. 2.

Sicherheit entnehmen, ob der Wechselnehmer oder ein Anderer in dem Valutenverhältniß zu dem Wechselgeber steht. Nur einzelne dieser Formen können unter Umständen als Quittung, wenigstens als Erklärung, daß der Wechselgeber aus dem Valutenverhältniß nichts zu fordern habe, gelten [12]. Aber auch in diesem Falle kann der Wechselnehmer, wenn er die Valuta berichtigt, noch eine besondere Quittung hierüber verlangen, indem ja die auf der Tratte befindliche mit dieser selbst durch weitere Begebung aus dem Besitz des Wechselnehmers zu kommen pflegt. Berichtigt der Wechselnehmer die Valuta vor Empfang des Wechsels, so läßt er sich wohl einen Interimsschein geben [13].

Für das Recht aus dem Wechsel ist die Valutenformel gleichgiltig [14], und nach der Deutschen Wechselordnung bedarf es überhaupt einer Erwähnung der Valuta nicht.

VII. Nach dem bisher Ausgeführten (Ziff. I—V.) ist die Valuta der Betrag, welchen der Wechselnehmer dem Wechselgeber gegen Ausstellung, oder gegen Indossirung des Wechsels zu seinen Gunsten (oder gegen Begebung des in Blanco girirten Wechsels), laut besonderer Uebereinkunft, oder in Ermangelung derselben nach dem Tageskurs, zu bezahlen hat. Durch diese Valuta stellt sich das Wechselgeschäft als ein zweiseitiges Verhältniß aus einem Vertrage dar, wobei der eine Theil den Wechsel, beziehungsweise das Wechselversprechen, der

---

12) Die Klausel im Wechsel: „den Werth habe baar und richtig empfangen" hat in dem an eigene Ordre ausgestellten und mit dem Giro des Ausstellers versehenen Wechsel dem ersten Indossatar gegenüber keine rechtliche Bedeutung. Borchardt (A. D. W. O. 5. Aufl.) Zus. 146.

Die Erwähnung der Valuta mit den Worten „Werth erhalten" ohne Hinzufügung des Wortes „baar" beweist nicht gegen die Annahme eines Darlehns als Grund für die Ausstellung des Wechsels.

Der Umstand, daß ein Wechsel für ein Darlehn nicht ausgestellt ist, beweist nicht, daß er für eine andere Forderung als Deckung hat dienen sollen, so lange noch eine andere Möglichkeit für die Ausstellung z. B. als Prämie für die Prolongation eines Darlehns übrig bleibt. Borchardt (A. D. W. O. 5. Aufl.) Note 107 Ziff. 3. f. und g. S. 87.

13) S. §. 15 Ziff. VI.

14) Die Bezugnahme auf ein bestimmtes Geschäft in dem Valutabekenntniß (z. B. mit den Worten: „Valuta habe ich an guten Waaren richtig erhalten") steht übrigens nicht der Giltigkeit des Wechsels entgegen. Löbr Centralorg. f. d. H. R. Bd. 1 S. 630 f.

andere die Werthsumme (Valuta) leistet. Gegen diese Werthsumme, mag sie nun baar entrichtet, oder kreditirt, oder in irgend welcher Weise abgemacht sein, hat der Wechselgeber den Wechsel gegeben (ausgestellt, indossirt, eingehändigt), und der Wechselnehmer hat nun ein unbedingtes Recht aus dem Wechsel[15], welches er selbst ausüben oder auf Dritte übertragen mag. Der dritte Wechselschuldner kann nicht mehr, wie etwa ein Käufer, von welchem der Kaufpreis einer Waare gefordert wird, sich auf Mängel der gegnerischen Leistung berufen, und damit seine Verbindlichkeit bestreiten. Er kann nicht behaupten, er habe den Wechsel ohne rechtlichen und ihn verpflichtenden Grund gegeben.

Jeder Schuldschein erfordert im gemeinen bürgerlichen Rechte einen Schuldgrund (causa) und dessen Angabe. Dieser Schuldgrund liegt bei Begebung eines Wechsels in dem Valutenverhältniß. Dessen Bereinigung kann entweder durch die Valuten-Klausel (Ziff. VI.) ausgedrückt, oder bereits in der Bezeichnung der Schuldurkunde als „Wechsel" liegen. Der Ausdruck „Wechsel" besagt schon, daß der Werth (die Valuta) gewechselt, daß gegen das Wechselversprechen des Gebers eine wechselseitige Leistung des Wechselnehmers erfolgte (beziehungsweise versprochen, kreditirt wurde).

Die Art und Weise, wie im Einzelnen das Valutenverhältniß abgemacht worden, bleibt für die Beurtheilung des Wechsels als solchen außer Betracht, indem sie lediglich das spezielle innere Verhältniß der Interessenten betrifft, welches bei Ausstellung oder Begebung des Wechsels als bereinigt anzunehmen ist. Für den Wechselverkehr nach Außen genügt es, daß die Wechselurkunde ein Versprechen des Wechselgebers ausdrückt, welches von keiner Gegenleistung mehr abhängig sein soll. Denn diese wird eben als bereinigt erklärt[16].

VIII. In dieser bedingungslosen Verpflichtung ruht die Wechselstrenge, die unweigerliche unbedingte Verbindlichkeit Desjenigen, der eine Wechselerklärung giebt, für die Einlösung des Wechsels zu haften[17]. Diese Haftung übernimmt zunächst der Trassant; in gleicher Weise aber auch der Indossant: denn auch der letztere be-

---

15) Vgl. §. 14.
16) Vgl. §. 16 Ziff. VIII. u. IX.
17) Siehe §. 7 Ziff. XI.

giebt regelmäßig den Wechsel unter seiner selbstständigen Garantie für dessen Einlösung, und bekennt sich hiezu auf Grund einer (empfangenen oder kreditirten) Valuta.

IX. Aus der Gegenseitigkeit des Wechselverhältnisses folgt der Anspruch des Wechselgebers auf eine Valuta[18]. Der Wechselnehmer muß die Valuta berichtigen. Hiebei ist Folgendes zu beachten.

1. Die Art und Weise dieser Berichtigung bleibt durchaus den Interessenten anheimgestellt, und kann entweder baar oder in irgend welchen Schuld- und Kreditverhältnissen sich vollziehen. Wenn aber eine anderweite Vereinbarung nicht erfolgte, so wird Baarzahlung der Valuta (Ziff. V.) verstanden[19].

2. Eine Verbindlichkeit des Wechselnehmers, dem Wechselgeber baare Valuta zu bezahlen, folgt nicht schon aus der Begebung des Wechsels, sondern besteht nur nach Maßgabe eines besondern der Begebung unterliegenden Rechtsverhältnisses[20].

3. Der Anspruch auf Valuta ist kein wechselmäßiger[21].

4. Gleichwohl kann der Wechselgeber, wenn er von seinem Wechselnehmer belangt wird, während dieser seiner Verbindlichkeit in Betreff der Valuta nicht nachgekommen ist, demselben hieraus eine Einrede entgegenstellen[22]. Er kann dieß aber nicht gegenüber von

---

18) Siehe oben Ziff. VII.

19) Einf. Ges. f. Bremen §. 3: „Im Zweifel ist Derjenige, welcher den Wechsel erhält, dem Geber zur baaren Zahlung der Valuta verpflichtet."
Einf. Ges. f. Hamburg §. 12: „Der Betrag in Disconto genommener Wechsel muß am Tage der Ueberlieferung, der Betrag gekaufter Wechsel auf auswärtige Plätze am nächstfolgenden Werktage bezahlt werden."

20) Namentlich kann aus dem Umstande allein, daß der Wechselaussteller den Wechsel auf Ansuchen des Remittenten an dessen Ordre gezogen hat, noch nicht gefolgert werden, daß derselbe dem Aussteller dafür aufkommen müsse, wenn dieser als Trassant genöthigt worden, den Wechselbetrag bei dem Acceptanten ganz oder theilweise zu decken. Archiv f. d. W. R. Bd. 14 S. 91.

21) Vgl. §. 83 Ziff. I.

22) Doch gehört die Einrede der nicht erhaltenen Valuta nicht zu den Einreden, welche aus dem Wechselrechte selbst hervorgehen; sie muß daher, auch dem unmittelbaren Kontrahenten gegenüber, entweder als Einrede des Dolus oder als ein aus dem dem Wechsel unterliegenden (ursprünglichen) Rechtsgeschäfte abgeleiteter Einwand besonders begründet werden. Die Regreßverbindlichkeit des Trassanten beruht auf der Begebung des Wechsels, ohne Rücksicht auf die der letzteren etwa unterliegenden Verhältnisse. Der Trassant kann daher

Dritten, welche den Wechsel weiterhin durch (ordentliches) Indossament erworben haben[23].

§. 21.
Kommission im Wechselgeschäft.

Ein Kommissionsverhältniß kommt bei dem Wechselgeschäft in verschiedener Weise vor[1].

I. Bei Anschaffung oder Umsatz von Wechseln findet sich nach Art der Einkaufs- und Verkaufskommission das Verhältniß in folgender Weise.

1. Wenn ich nach einem gewissen Platz remittiren sollte, auf denselben lautende oder an demselben beliebte Wechsel aber an meinem Wohnort nicht bekommen kann, oder wegen unvortheilhaften Kurses oder aus andern Gründen nicht nehmen mag, so beauftrage ich etwa einen Geschäftsfreund oder Agenten an einem andern Wechselplatze, wo dergleichen Wechsel leichter zu haben sind, solche mir **anzuschaffen**.

Der Beauftragte (Kommissionär) hat dabei zwei Wege offen.

A. Er kann einen gemachten Wechsel, den er für seinen Kommittenten beschafft, gleich **an dessen Ordre stellen** oder giriren lassen. Dadurch bleibt der Kommissionär **aus aller Haftung**. Er wird daher gerne diesen Weg wählen. Um sich über die von ihm geleistete Valuta auszuweisen, läßt er in dem Wechsel (beziehungsweise dem Giro) wohl bemerken, daß die Valuta von ihm, dem Kommissionär, berichtigt sei („Werth von Herrn K.").

B. Der Kommissionär kann aber auch, **ohne den Kommittenten zu nennen**, den Wechsel anschaffen, indem er entweder

---

nicht seiner wechselmäßigen Verpflichtung einfach durch Berufung auf den Mangel der Valuta entgehen. Archiv f. d. W. R. Bd. 15 S. 324.

Auch dem Indossanten steht gegen den Indossatar nicht die **Einrede der nicht erhaltenen Valuta** zu, wenn bei Ausstellung des Indossamentes Zahlung der Valuta nicht bedungen wurde. Archiv f. d. W. R. Bd. 14 S. 67 Nr. 4 a.

23) Selbst die Verabredung der Valuta vorausgesetzt, kann der Mangel ihrer Leistung nur dem unmittelbaren Kontrahenten gegenüber geltend gemacht werden. Archiv f. d. W. R. Bd. 14 S. 67 Note.

1) Die Ausdrücke auf dem Wechsel „**Werth in Rechnung N. N.**" „**Werth von N.**" (s. Ziff. I. 1. A. u. II. 2) und „**stellen ihn auf Rechnung N. N.**" (s. Ziff. II.) bezeichnen ganz verschiedene Verhältnisse, indem letztere Formel sich auf die **Deckung**, erstere auf die **Valuta** bezieht.

a. den **Wechsel auf seinen** (des Kommissionärs) **eigenen Namen ausstellen oder giriren läßt**, um ihn alsdann erst an den Kommittenten zu giriren. Dieß geschieht namentlich, wenn der Kommissionär die Haftung für die Güte des Wechsels (das **Delkredere**) übernehmen will. Er berechnet hiefür in der Regel eine Delkredere-Provision. Diese Haftung liegt in dem Indossament selbst, welches ihn als Indossanten regreßverbindlich macht.

Ein Kommissionär, welcher **nicht** del credere stehen will, muß überhaupt von diesem Wege (a.) abstehen, und einen andern (s. unter A. und B. b.) einschlagen. Denn er darf nicht ein **Indossament ohne Obligo** geben [2], indem hiedurch der Kredit des Wechsels leiden würde.

b. Der Kommissionär kann einen Wechsel mit einem **Blankoindossament** nehmen (kaufen), und dasselbe unausgefüllt lassen oder mit dem Namen des Kommittenten ausfüllen und diesem zustellen. Hiedurch entgeht der Kommissionär der persönlichen wechselmäßigen Haftung [3].

2. Wenn ich einen Wechsel verwerthen will, indem ich z. B. auf einen Schuldner an einem Ort abgeben möchte, für welchen ich an meinem Wohnort keinen Nehmer finde, so sende ich etwa den Wechsel einem Kommissionär des geeigneten Platzes. Hiebei kann ich auf ihn den Wechsel giriren, oder ein **Blankoindossament** geben. Im ersteren Falle muß der Kommissionär den Wechsel an den Nehmer (Käufer) weiter giriren, während er das Blankogiro einfach übergeben kann. Will ich nicht wissen lassen, daß ich meinen Wechsel zum Verkauf ausbiete, so ziehe ich das **Giro an meinen Kommissionär** vor, damit nun dieser als Verkäufer erscheine. Er wird sodann zwar als Indossant seinem Nehmer haftbar, hat aber sofort den wechselrechtlichen Regreß an mich, als seinen Vormann. Deßhalb wird er meist nur die gewöhnliche Provision, nicht die erhöhte des Delkredere, berechnen.

Der Kommissionär, welcher einen ihm eingesandten Wechsel verwerthen soll, wird mit dessen Uebernahme nicht sofort Schuldner der Valuta, sondern er handelt nur als Beauftragter des Einsenders und für **dessen Rechnung** [4].

---

2) Hierüber s. Wächter, Handelsrecht I. S. 250.
3) Vgl. §. 40.
4) In der Aufforderung, ein an Zahlungsstatt eingesendetes Accept bestens zu begeben, liegt weder die Weisung dasselbe sogleich zu verwerthen,

II. Ein Kommissionsverhältniß findet sich ferner bei dem **Wechsel für fremde Rechnung**.

1. Der Hauptfall bezieht sich auf die **Deckung**. Ich beauftrage einen Andern, er möge für meine Rechnung auf einen Dritten trassiren. Der Trassant **verweist** den Bezogenen bezüglich der **Deckung auf mich**[5], so daß er für meine Rechnung den Wechsel honoriren soll[6].

Der Bezogene wird dieß nur thun, wenn er annehmen kann, ich habe wirklich den Trassanten zur Ziehung ermächtigt. Ich werde ihm daher in einem **Avisbrief** den Auftrag zukommen lassen.

Ein **Auftragsverhältniß** (Mandatsverhältniß) liegt hier in zweifacher Richtung vor: zwischen dem Trassanten und Demjenigen, für dessen Rechnung trassirt wird, und zwischen dem letzteren und dem Bezogenen. Man nennt daher den Wechsel für fremde Rechnung: **Kommissionstratte**.

Diesem Auftragsverhältniß können verschiedene **Gründe unterliegen**. Der Dritte, für dessen Rechnung gezogen wird, kann Schuldner des Trassanten und Gläubiger des Bezogenen sein, oder er mag etwa dem Trassanten einen Kredit bei dem Bezogenen eröffnen, oder er will sich von dem Trassanten den Wechsel durch Giro übertragen lassen und so fort.

Der Wechsel für fremde Rechnung begründet dieselben **wechselmäßigen Rechte und Verbindlichkeiten**, wie ein für Rechnung des Trassanten gezogener Wechsel; nur besondere **civilrechtliche Ansprüche** ergeben sich aus dem Kommissionsverhältniß[7].

---

noch der Auftrag, dieses Accept sofort im Kurswerthe dem Einsender gutzuschreiben es ist vielmehr dabei dem Empfänger überlassen, nach seiner Beurtheilung den ihm am zweckmäßigsten erscheinenden Zeitpunkt zu wählen. Archiv f. d. W. R. Bd. 15 S. 98.

5) Bei dieser Kommissionstratte hat nicht der Trassant, sondern der Dritte, für dessen Rechnung gezogen wurde, dem Bezogenen Deckung zu geben. Goldschmidt Zeitschr. f. d. H. R. Bd. 8 S. 116 Nr. 4.

6) Hat der **Bezogene** Wechsel für Rechnung Dritter ohne Vorbehalt **acceptirt**, so kann er **nicht** hinterher bei der Zahlung zu Gunsten des Ausstellers **interveniren** und von diesem den Ersatz verlangen. Archiv f. d. W. R. Bd. 11 S. 121--132.

7) Der **Wechselinhaber** hat zwar wider den **Trassanten** auch dann den Wechselregreß, wenn die Tratte **mit seinem Wissen für Rechnung eines Dritten** gezogen ist: im ordentlichen Prozeß indeß muß in diesem Falle das

2. Es kann aber auch die Valuta für Rechnung eines Andern, als des Wechselnehmers gehen. Hier besteht ein Kommissionsverhältniß nicht zwischen dem Trassanten und Bezogenen, sondern zwischen dem Trassanten (oder Indossanten) und dem Remittenten (oder Indossatar) und zwar so, daß der Trassant (oder Indossant) die Valuta nicht von seinem Wechselnehmer (dem Remittenten oder Indossatar), sondern von einem Dritten erhalten soll [8].

Auf die Rechte aus dem Wechsel selbst bleibt dieses Verhältniß ohne Einfluß.

III. Ein Kommissionsverhältniß findet sich auch bei der s. g. unechten Nothadresse, als Auftrag, den Wechsel für Rechnung eines Dritten zu honoriren, wenn nehmlich der Bezogene, sei es von dem Trassanten, sei es von einem Indossanten, beauftragt wird, die zunächst für Rechnung des Trassanten ausgestellte Tratte nöthigenfalls für Rechnung eines Andern einzulösen.

Giebt der Trassant selbst diesen Auftrag ("Nöthigenfalls für Rechnung des Herrn N."), so ist der Wechsel vornherein für eigene und für fremde Rechnung gezogen [9].

Häufiger wird erst später, nehmlich von einem Indossanten, der Antrag gestellt, den Wechsel nöthigenfalls für Rechnung eines Andern, als des Trassanten, in der Regel für die jenes Indossanten selbst, einzulösen ("Nöthigenfalls für meine Rechnung J.")

Bei der Tratte mit unechter Nothadresse ist keine zweite Adresse, sondern nur der einzige Adressat, der Bezogene, da. Es tritt aber ein neuer Deckungsverpflichteter außer dem Trassanten hinzu. Der Wechsel ist also für Rechnung Mehrerer gezogen.

Verhältniß nach Maßgabe des zu Grunde liegenden Geschäfts beurtheilt werden. Borchardt (A. D. W. O. 5. Aufl.) Zus. 409.

Das zwischen dem Trassanten und seinem Kommittenten stattfindende Mandatsverhältniß ist ein rein civilrechtliches und hat auf die wechselmäßige Haftung des ersteren keinen Einfluß. Borchardt a. a. O. Note 307 a. S. 261.

8) Während in dem Falle der Ziff. I. die Valuta von demjenigen berichtigt wurde, welcher den Wechsel als Beauftragter eines Dritten in Empfang nimmt, so verhält es sich in dem hier gedachten Falle umgekehrt. Derjenige, welcher den Wechsel empfängt und für sich behalten will, berichtigt nicht die Valuta, sondern der Wechselgeber empfängt diese von einem Dritten, welcher insofern als Kommittent (Auftraggeber), der Wechselgeber als Beauftragter erscheint.

9) Thöl W. R. §. 209 Ziff. 2.

Der Bezogene muß daher, wenn er, nicht wie ursprünglich traffirt, sondern wie nothadreffirt ist, acceptiren will, dieß durch einen Zusatz wie S. P. (sopra protesto, unter Protest) bezeichnen. Vgl. übrigens §. 53.

IV. Ein Kommissionsverhältniß ist es ferner, wenn Derjenige, welcher die Prima zum Accepte versendet (s. §. 30), mit dessen Besorgung einen Kommissionär beauftragt. Dieser soll in der Regel die empfangene Prima sofort dem Bezogenen (beziehungsweise auch dem Nothadressaten) zur Annahme präsentiren, und wenn die letztere gehörig erfolgte, zur Aushändigung an den Inhaber der Sekunda aufbewahren.

V. Die Wechselverbindlichkeiten, welche bei der Waaren-Kommission der Kommissionär übernimmt, haben in wechselrechtlicher Hinsicht nichts Besonderes. Der Kommissionär, welcher den von dem Kommittenten über das Kommissionsgut gezogenen Wechsel acceptirt, leistet übrigens durch dieses Accept allein noch keinen Vorschuß [10].

§. 22.
Der eigentrassirte Wechsel.

I. Eine Tratte, deren Aussteller zugleich der Bezogene ist, heißt eigentrassirter [1] oder trassirt-eigener Wechsel, Wechsel an eigene Adresse, Wechsel auf sich selbst gezogen. Dieses Verhältniß kommt namentlich in zwei Fällen vor:

1. wenn der Aussteller, welcher unter seiner Firma mehrere Etablissements besitzt, von dem einen auf das andere traffirt. Es hat z. B. der Fabrikant in Schlesien eine Verkaufsniederlage oder Kommandite in Berlin und will von da seine Gelder an sich ziehen. Berliner Wechsel finden leicht Käufer. Der Fabrikant traffirt nun auf sein Berliner Geschäft und verkauft das Papier.

2. Der Aussteller kann sich zur Zahlung an einem andern

---

10) Das Accept ist ein Zahlungsversprechen, welches nur dann und insofern in einen wirklichen Vorschuß zu Gunsten des Kommittenten übergeht, als die Zahlung vom Acceptanten thatsächlich bewirkt wird. Borchardt (A. D. W. O. 5. Aufl.) Zus. 287.

1) Im Gegensatz von dem eigentrassirten, nennt man einen fremdtrassirten Wechsel denjenigen, auf welchem der Aussteller und der Bezogene völlig verschiedene Personen oder Firmen sind.

§. 22.] Verschiedenheit von Ausstellungs- und Zahlungs-Ort.

Orte, als an dem der Ausstellung des Wechsels verpflichten, und für diesen Zweck auf sich selbst, zahlbar am andern Orte, trassiren?. W. O. Wenn ich z. B. in Berlin Waaren einkaufe, welche ich auf der Frank- Art. 6. furter Messe bezahlen will, so kann ich in Berlin, auf mich in Frankfurt, einen Meßwechsel ausstellen, welcher mir bei meiner Anwesenheit in Frankfurt zur Zahlung präsentirt werden soll.

Der Aussteller braucht hier nicht die Form des Domizilwechsels. Er bezeichnet in der Adresse nur Einen Ort, nehmlich eben denjenigen, an welchem die Zahlung erfolgen soll³.

II. Der eigentrassirte Wechsel könnte einem eigenen Wechsel gleichgestellt werden wollen, soferne, wie bei dem letzteren, der Aussteller sich selbst als Zahler bezeichnet. Allein der Form nach erscheint dieser Wechsel wirklich als Tratte, und wird daher, wie überhaupt im Wechselrecht zunächst die Form maßgebend ist, als trassirter Wechsel behandelt. Er muß daher auch die Bestandtheile der Tratte enthalten, z. B. Unterschrift des Ausstellers und Angabe (Adresse) des Bezogenen⁴.

III. Der Aussteller, welcher am andern Orte zahlen will, hat in der That einen sachlichen Grund, gerade diese Form des Wechsels zu wählen, indem der domizilirt-eigene Wechsel im Verkehr nicht beliebt ist. Fehlt es hingegen an der Verschiedenheit des Ortes der Zahlung von dem der Ausstellung, so würde die Form der Tratte

---

2) W. O. Art. 6: „Der Aussteller kann sich selbst als Remittenten (Art. 4 Nr. 3) bezeichnen (Wechsel an eigene Ordre). Desgleichen kann der Aussteller sich selbst als Bezogenen (Art. 4 Nr. 7) bezeichnen, sofern die Zahlung an einem andern Orte als dem der Ausstellung geschehen soll (trassirt-eigene Wechsel)."

3) Der eigentrassirte Wechsel ist nicht identisch mit dem eigen-domizilirten Wechsel, auch nicht mit der domizilirten Tratte; er kann aber auch ein domizilirter Wechsel sein (Thöl W. R. §. 295 Ziff. IV. S. 597).

4) Die Unterschrift des Bezogenen unter dem seitwärts stehenden Annahmevermerk ist nicht geeignet, die Unterschrift des Bezogenen auch als Ausstellers des Schriftstücks zu ersetzen, und dasselbe zum trassirt-eigenen Wechsel zu machen. Borchardt (A. D. W. O. 5. Aufl.) Zus. 152.

Ebenso ist eine Urkunde des Inhalts: „Am — zahlen wir gegen diesen Primawechsel" u. s. f.

Herrn D.   E.

„Angenommen D."

nicht für einen Wechsel zu erachten, weil sie weder die Erfordernisse des gezogenen noch des trockenen Wechsels enthält. Borchardt a. a. O. Note 111.

zu einer leeren Spielerei, welche das Gesetz nicht anerkennt. Der Aussteller kann nicht auf sich selbst zahlbar am Orte der Ausstellung trassiren. Will er am Ausstellungsorte selbst zahlen, so mag er die Form des eigenen Wechsels wählen[5].

Bei dem Erforderniß der Ortsverschiedenheit genügt jede im Wechsel ausgesprochene Verschiedenheit des Ausstellungs- und

---

[5] Ein trassirt-eigener Platz-Wechsel wäre auch weder als eigener Wechsel, noch als giltiger Schuldschein aufzufassen. Löhr Centralorg. B. 3 S. 106.

In der Leipziger Wechselkonferenz wurde ausgesprochen: Es erscheine als ein leeres Spiel mit Formen, wenn Jemand an demselben Orte auf sich selbst trassire, und der Zweck könne in solchem Falle weit einfacher durch einen eigenen Wechsel erreicht werden. Man habe also keinen Grund, den trassirt-eigenen Wechsel ohne Verschiedenheit des Ausstellungs- und des Zahlungsortes zuzulassen. Vgl. über den trassirt-eigenen Wechsel ohne distantia loci: Renaud in Goldschmidts Zeitschr. f. d. H. R. Bd. 7 S. 387—405. Es ist bestritten, ob ein solcher Wechsel als Eigenwechsel Giltigkeit habe? vgl. Goldschmidts Zeitschr. Bd. 8 S. 56—67. Archiv f. d. W. R. Bd. 14 S. 73.

Für die Geltung eines solchen Wechsels als eines Eigenwechsels erklärt sich Thöl: „Denn wenn A. zu sich selbst spricht: Zahle dem B., und den eine solche Erklärung enthaltenden Wechsel dem B. giebt, so sagt er: Ich will, daß ich zahle; also: Ich will zahlen. Er verspricht also die Zahlung der Wechselsumme. Daß ein eigener Wechsel in dieser Form ausgestellt werden dürfe, ist durch die D. W. O. nicht verboten" (Thöl W. R. §. 295 Note 16 S. 596).

Nicht zu verwechseln ist mit dem eigentrassirten Wechsel, welcher immer die Form der Tratte hat, ein eigener Wechsel der Form nach, welchem die Form der Tratte beigefügt ist durch den Zusatz: „auf mich selbst" und „angenommen". Vgl. Württ. Arch. Bd. 12 S. 186.

Nach Erk. d. Ob. Trib. zu Berlin (6. Nov. 1862) würde eine Urkunde, welche die Erfordernisse eines eigenen Wechsels enthält, obschon Aussteller und Bezogener, sowie Ausstellungs- und Zahlungsort identisch sind, als eigener Wechsel giltig bleiben, weil die Absicht des Ausstellers, selbst Zahlung leisten zu wollen, auch in der von ihm an sich selbst gerichteten Aufforderung zur Zahlung ihren unzweifelhaften Ausdruck finde. Das Schriftstück lautete:

Altena, den 1. Okt. 1861.

Drei Monate Dato zahlen Sie für diesen Wechsel an die Ordre von B. 500 Rthlr., Werth in Rechnung und stellen ihn auf Rechnung laut Bericht,

Herrn Quinte in Altena.   Quinte.

Vgl. Borchardt (A. D. W. O. 5. Aufl.) Zus. 78b.

Ein Wechsel, in welchem der Bezogene in der Art bezeichnet ist: „Sola auf mich selbst (Name des Ausstellers)", ohne Beisetzung eines anderen Zahlungsortes, ist ungiltig. Ist dagegen ein anderer Zahlungsort hinzugefügt, so ist der Verstoß gegen die sprachliche Fassung des Wechsels für die Giltigkeit desselben unschädlich. Borchardt (A. D. W. O. 5. Aufl.) Zus. 150 u. Note 110.

§. 22.] **Identität des Trassanten und Bezogenen.**

Zahlungsortes, auch in derselben Stadt. Es kommt eben darauf an, wie speziell der Ausstellungsort lautet [6].

Mit dem Erforderniß der Ortsverschiedenheit ist übrigens nicht ausgeschlossen, daß der Aussteller, wenn er sich vorübergehend an dem von seinem Wohnort (beziehungsweise dem Ort seiner Hauptniederlassung) verschiedenen Zahlungsorte aufhält, einen eigentrassirten Wechsel ausstelle, soferne er jenen andern Ort als Ort der Ausstellung bezeichnet. Der Cölner Fabrikant konnte während eines Aufenthaltes in Berlin auf sein Berliner Etablissement trassiren, wenn er den Wechsel von Cöln aus datirte.

IV. Da ein eigentrassirter Wechsel nur dann eine giltige Tratte ist, wenn er dem Erforderniß der Ortsverschiedenheit entspricht, so kann, in Ermanglung der letztern, die Frage erheblich werden, ob ein vorliegender Wechsel ein eigentrassirter sei oder nicht, ob nehmlich der **Aussteller** in der That zugleich als **Bezogener** erscheine. Verschiedene Personen können denselben Namen oder dieselbe Firma führen. Es kann aber auch der Aussteller ein Etablissement unter anderer Firma führen. Hier muß man unterscheiden

1. Ist die Identität des Trassanten und Bezogenen zwar vorhanden, aber nicht aus dem Wechsel ersichtlich, so gilt derselbe, auch wenn die Ortsverschiedenheit fehlt, als Tratte. Man spricht hier wohl von einem unechten eigentrassirten Wechsel [7].

2. In dem Wechsel kann der Namen oder die Firma des Trassanten und Bezogenen gleich lauten, während beide gleichwohl nicht identisch sind. Hier liegt kein eigentrassirter Wechsel vor.

3. Endlich kann es vorkommen, daß Jemand unter seinem bürgerlichen Namen auf seine Firma zieht. Dieser Wechsel ist ein eigentrassirter, aber ein unechter (vgl. Ziff. 2), d. h. er ist als wirkliche Tratte giltig, er wird als gewöhnliche Tratte behandelt.

---

6) Jede im Wechsel ausgesprochene Ortsverschiedenheit genügt. Verschiedene Orte im Sinn der D. W. O. sind hier nicht nur eine Stadt und eine andere Stadt, sondern auch eine Stadt und ein anderer Ort, auch ein Haus und ein anderes Haus, selbst das Nachbarhaus, auch Gartenhaus und Stadthaus, Wohnung und Geschäftslokal, zwei verschiedene Geschäftslokale, auch verschiedene Räume desselben Hauses. Wo es vorkommt, daß der Wechsel solche verschiedene Orte wirklich ausspricht, hat es auch seine guten Gründe. (Thöl a. a. O. §. 295 Note 8 S. 595.)

7) Thöl Wechselrecht §. 295 S. 594.

Ein wirklicher (echter) eigentrassirter Wechsel ist nach der D. Wechselordnung nur derjenige, in welchem „der Aussteller sich selbst als Bezogenen bezeichnet", also erklärt, daß die von ihm mit der Zahlung beauftragte Person er selbst sei, daß er sich selber auch die Eigenschaft des Bezogenen beilege.

V. Ein solcher (echter) eigentrassirter Wechsel wird (unter Voraussetzung der Ortsverschiedenheit Ziff. III.) wie ein fremdtrassirter und in allen Beziehungen durchaus als Tratte behandelt[8]. Er kann demgemäß zur Annahme präsentirt werden. Der acceptirende Aussteller haftet als Acceptant und zwar ohne Protest[9]. Auch treten die übrigen Folgen der Tratte ein, also namentlich, wenn die Zahlung an dem Zahlungsorte nicht erlangt werden kann, die Erhebung und Notification des Protestes[10] und auf Grund desselben die Verbindlichkeit des Trassanten zur Zahlung der Regreßsumme.

VI. Die Präsentation zur Annahme wie zur Zahlung erfolgt an dem Ort, welcher als der der Zahlung im Wechsel bezeichnet ist[11]. Hat aber der Bezogene an einem andern Orte, etwa an dem der Ausstellung, acceptirt, so bleibt dieses Accept vollkommen giltig.

VII. Der eigentrassirte Wechsel kann zugleich ein Wechsel an eigene Ordre sein[12].

---

8) Die Tratte ist so zu behandeln, als wären Trassant und Trassat zwei verschiedene Personen (Thöl a. a. O. §. 295 S. 594).

9) Für diese Verpflichtung genügt es nicht, daß er sich als Bezogenen bezeichnet hat, er muß sich auch als Acceptanten bezeichnet haben, so daß also die Tratte zugleich ein Accept trägt. Demgemäß ist hier Protest und Regreß Mangels Annahme statthaft.

10) Der Aussteller des (nicht acceptirten) trassirt-eigenen Wechsels haftet nur auf Grund erhobenen Protestes. Löhr Centralorg. Bd. 3 S. 285. Vgl. ebendas. Bd. 2 S. 464 f.

11) Auch zur Datirung des Acceptes ist der Wechsel, wenn er ein befristeter Sichtwechsel ist, am Zahlungsort zu präsentiren. Hingegen ein eigendomizilirter Wechsel müßte am Ausstellungsort präsentirt werden (Thöl §. 295 Note 11 S. 596).

12) Doch muß der eigentrassirte an eigene Ordre gestellte Wechsel weiter begeben sein. Denn sonst wären Gläubiger und Schuldner identisch. Vgl. Seufferts Archiv Bd. 13 S. 177.

Der Aussteller kann sich selbst als Remittenten und zugleich auch als Bezogenen giltig bezeichnen, sofern nur die Zahlung an einem anderen Orte als dem

VIII. Nicht unzweifelhaft ist die Frage, ob ein indossirter Wechsel, welcher die Form eines eigenen Wechsels an sich trägt, bei Verschiedenheit des Ausstellungs- und Zahlungsortes als eigentrassirter Wechsel zu gelten habe [13]?

IX. Die regelmäßige und gewöhnlichere Form des Wechsels ist der fremdtrassirte Wechsel. Hieraus folgt, daß im Zweifel dieser und nicht ein eigentrassirter Wechsel von dem Wechselgeber geliefert werden muß. Wer schlechthin eine Tratte bestellt hat, braucht einen trassirt-eigenen Wechsel nicht zu nehmen, wenn dieß nicht ausdrücklich verabredet oder dem Wechselgeber anheimgestellt war [14].

§. 23.
Der Domizilwechsel.

I. Ein ähnliches Bedürfniß, wie dasjenige, welchem der eigentrassirte Wechsel seine Entstehung verdankte, rief den Domizilwechsel hervor [1]. Der Aussteller, welcher etwa auf einen Schuldner an einem Nebenplatz trassirt, findet es wünschenswerth, daß der Wechsel auf einen benachbarten Wechselplatz laute. Er fügt der Adresse [2] des Be-

---

der Ausstellung erfolgen soll und der entsprechende Domizilvermerk noch zur Zeit der ersten Begebung des Wechsels sich auf demselben befunden hat. Wird nach erfolgter Begebung der Domizilvermerk später durchstrichen, so wird dadurch die Wechselverpflichtung des Ausstellers nicht geändert. Borchardt (A. D. W. O. 5. Aufl.) Zuf. 149 und Note 109.

13) Thöl (a. a. O. §. 295 S. 596 vgl. §. 296 S. 602) bejaht diese Frage. Vgl. oben Anm. 5.

14) Vgl. §. 15 Ziff. IV.

1) Die domizilirten Wechsel sind sehr alten Ursprungs. Dem Wesen nach waren die Meßwechsel, welche bis in die Mitte des 17. Jahrhunderts die herrschenden blieben, domizilirte Wechsel, indem nur Wenige unter den Bezogenen auf dem Meßplatze ihren Wohnort hatten. Seit die Meßwechsel an den sogenannten Irregulärwechseln eine immer steigende Konkurrenz erhielten, kam auch bei diesen das Domiziliren in Uebung, hauptsächlich, um den Wechsel auf einen gesuchten Platz zu leiten, wodurch er leichter anzubringen war.

2) Kann der Domizilvermerk und der Name des Domizilirten auch auf die Rückseite des Wechsels gesetzt werden? Diese Frage bejaht das Ob. Trib. zu Stuttgart. Centralorgan f. d. H. R. v. Löhr. Bd. 2 S. 238.

zogenen noch einen andern³ Ort⁴ bei, an welchem jener die Wechselzahlung bewerkstelligen soll, sei es durch ein dortiges Haus, oder indem der Bezogene selbst bei Verfall sich an dem gewünschten Zahlungsort einfinden mag. Der domizilirte Wechsel ist demnach ein solcher Wechsel, bei welchem der Aussteller beigefügt⁵ hat, daß die Zahlung nicht an dem (Niederlassungs- oder) Wohnort des Bezogenen, sondern an einem andern Ort (welcher nun Domizil des

W. O. Wechsels heißt) geschehen solle⁶.

Art. 24.
Satz 1.u.2. Dabei kann die Absicht entweder dahin gehen, daß der Bezogene selbst, oder daß für ihn ein Dritter die Zahlung leiste. Wird dieser Dritte auf dem Wechsel beigefügt („zahlbar bei Herrn N. in O."), so heißt er Domiziliat.

Danach ergeben sich zwei Arten des Domizilwechsels:

1. der bestimmt domizilirte Wechsel, auf welchem der Aussteller nicht nur den (von der Adresse des Bezogenen verschiedenen) Zah-

---

3) Zu dem Wesen des Domizilwechsels gehört, daß die Verschiedenheit des Wohnortes des Bezogenen und des zur Zahlung angewiesenen Ortes durch die Wechselurkunde selbst mit Zuverlässigkeit festgestellt und darin wortdeutlich ausgedrückt sein muß.

Ein Wechsel, in welchem der Adresse des Bezogenen der Vermerk „zahlbar beim Aussteller", ohne Hinzufügung des Wohnortes des Letzteren beigesetzt ist, ist nicht an dem Wohnorte des Ausstellers zahlbar Borchardt (A. D. W. O. 5. Aufl.) Zus. 292 und Note 219.

In dem auf einer in Stettin ausgestellten Tratte befindlichen Vermerke der Adresse des Bezogenen „Herrn W. S. Nemitz bei Stettin. Zahlbar Mönchenstraße Nr. 609 bei Herrn B." ist nicht neben der, die Bezeichnung des Wohnortes des Bezogenen enthaltenden Angabe „Nemitz bei Stettin" zugleich Stettin als der Zahlungsort bezeichnet. Archiv f. d. W. R. Bd. 6 S. 267.

4) Unter dem Orte der Zahlung ist nur die Ortschaft (Handelsplatz, Stadt, Dorf), wo gezahlt werden soll, nicht irgend eine Straßenangabe an diesem Orte zu verstehen. Borchardt (A. D. W. O. 5. Aufl.) Zus. 291.

5) Der Domizilort muß dem Wechsel ausdrücklich beigefügt sein. Das bloße Einverständniß der Parteien über einen von dem Wohnort des Bezogenen verschiedenen Zahlungsort genügt nicht, um den Wechsel zu einem Domizilwechsel zu machen. Löhr Centralorgan f. d. H. R. Bd. 2 S. 86.

6) W. O. Art. 24 Satz 1 und 2: „Ist in dem Wechsel ein vom Wohnorte des Bezogenen verschiedener Zahlungsort (Art. 4 Nr. 8) angegeben (Domizilwechsel), so ist, insofern der Wechsel nicht schon ergiebt durch wen die Zahlung am Zahlungsorte erfolgen soll, dieß vom Bezogenen bei der Annahme auf dem Wechsel zu bemerken. Ist dieß nicht geschehen, so wird angenommen, daß der Bezogene selbst die Zahlung am Zahlungsorte leisten wolle."

lungs-Ort, sondern auch eine Adresse auf diesen Ort angiebt, bei welcher die Zahlung erfolgen soll.

2. **Unbestimmt** domizilirt hingegen ist der Wechsel, wenn eine solche Adresse von dem Aussteller nicht beigefügt war. Hiebei kann die Absicht entweder

a. dahin gehen, daß der Bezogene selbst die Zahlung am Domizil des Wechsels leisten möge, oder

b. daß die Tratte zunächst dem Bezogenen zur Annahme präsentirt, und von dem Acceptanten die Adresse (Person oder Firma), bei welcher er die Zahlung anweisen will, beigefügt werde [7].

II. Man unterscheidet Adresse und Domizil des Wechsels. Die Adresse bezeichnet den Ort, wo der Bezogene zu treffen ist, also in der Regel seinen Wohnort oder den Ort seiner Niederlassung. Dieser Ort versteht sich zunächst auch als der Zahlungsort, wenn als solcher nicht ein anderer beigefügt ist. Eine von dem (Geschäfts- oder Wohn-) Lokal des Bezogenen verschiedene Zahlungs-Adresse an demselben Orte macht den Wechsel noch nicht zu einem Domizilwechsel. Die Bestimmung des Zahlungsortes ist Sache des Ausstellers: ihm kann es nicht gleichgelten, an welchem Orte sein Wechsel, dessen Begebbarkeit hievon häufig abhängt, zahlbar ist. Nur ihm kann es zustehen, durch einen Domizilvermerk [8] den Wechsel zu domiziliren. Würde hingegen der Acceptant seinem Accept ein Domizil (einen andern Zahlungsort, nicht blos einen Domiziliaten) beifügen, so ist es keine domizilirte Tratte [9], sondern ein modifizirtes Accept (vgl. §. 48). In der domizilirten Tratte nennt der Trassant einen von

---

[7] Sofern der Wechsel nicht schon ergiebt, **durch wen** die Zahlung am Zahlungsorte erfolgen solle, ist dieß vom Bezogenen bei der Annahme auf dem Wechsel zu bemerken, widrigenfalls angenommen wird, daß **er selbst** dort Zahlung leisten wolle. W. O. Art. 24.

[8] Der Domizilvermerk kann in der Tratte giltig unter die Adresse des Bezogenen gesetzt werden und bedarf keiner Unterschrift des Ausstellers. Borchardt (A. D. W. O. 5. Aufl.) Zus. 297 b.

[9] Dieß kann gesetzlich auch für unmittelbar anstoßende Orte (Hamburg-Altona) vorgeschrieben sein, so in der K. Preuß. Verordn. v. 13. Mai 1867 für Altona (§. 7 s. Goldschmidts Zeitschr. f. d. H. R. Bd. 11 S. 371), gleichlautend mit der Hamburgischen Einf. V. O. v. 21. Febr./5. März 1849 §. 6: „Ein auf Altona, zahlbar Hamburg, gezogener Wechsel gilt, wenn nicht ein bestimmter in Hamburg wohnhafter Domiziliat darauf benannt ist, nicht als Domizilwechsel und ist daher in Altona zur Zahlung zu präsentiren."

der Adresse des Bezogenen verschiedenen Zahlungsort. Diesem Fall steht es aber gleich, wenn der Acceptant im Einverständniß mit dem Trassanten den Domizilvermerk auf den Wechsel setzte [10].

10) Domizilwechsel sind an sich nur solche, bei welchen der Aussteller einen vom Wohnorte des Bezogenen verschiedenen Zahlungsort angegeben hat. Borchardt in Weiske's Rechtslexik. Bd. 14 S. 370 Note 150.
Uebrigens wird das Einverständniß des Acceptanten vorausgesetzt.
Der vom Trassanten ohne Genehmigung des Acceptanten dem Wechsel hinzugefügte Domizilvermerk ist nicht als eine Fälschung zu erachten. Jener hat aber gegen den Acceptanten keinen Anspruch auf Verzugszinsen vom Verfalltage ab bis zu der dem Acceptanten geschehenen Präsentation, sowie auf Protestkosten und Provision. Archiv f. d. W. R. Bd. 12 S. 200.
Hiedurch ist aber nicht ausgeschlossen, daß der Domizilvermerk von einem Dritten, und mithin auch von dem Acceptanten, im Auftrage des Ausstellers oder im sonstigen Einverständnisse mit dem letzteren, auf den Wechsel geschrieben werden kann. Ein solches Einverständniß ist als vorliegend anzunehmen, wenn der Aussteller des Wechsels nach der bei der Acceptation geschehenen Hinzufügung eines anderweitigen Zahlungsortes Seitens des Acceptanten den Wechsel zurückempfangen und, ohne seine Mißbilligung des beigefügten Vermerkes zu erkennen zu geben, weiter begeben hat. Archiv f. d. W. R. Bd. 16 S. 83 f. S. 91.
Die von dem Bezogenen seinem Accepte beigesetzte Angabe eines auswärtigen Zahlungsleisters („zahlbar bei S."), und der demnächst von dem Trassanten ohne Zuziehung des Acceptanten der Adresse des letzteren als Zahlungsort hinzugefügte (und von dem in der Adresse des Bezogenen verschiedene) Wohnort jenes auswärtigen Zahlungsleisters („zahlbar in L.") machen den Wechsel dem Acceptanten gegenüber zu einem Domizilwechsel. Borchardt (A. D. W. O. 5. Aufl.) Zus. 298.
Eine Tratte verliert durch den wider Wissen und Willen des Acceptanten nach der Acceptation hinzugefügten Domizilvermerk ihre sonstige Kraft und Bedeutung nicht; vielmehr ist die Verpflichtung des Acceptanten lediglich nach demjenigen Inhalte des Wechsels zu beurtheilen, welchen derselbe zur Zeit des Acceptes gehabt hat. Borchardt (A. D. W. O. 5. Aufl.) Zus. 142.
Der verklagte Aussteller (und resp. Acceptant) hat den Einwand, daß erst nach Ausstellung des Wechsels und ohne sein Vorwissen und seine Genehmigung der unter der Adresse des Bezogenen befindliche Domizilvermerk von einem Dritten auf den Wechsel gesetzt worden sei, — zu beweisen. Archiv f. d. W. R. Bd. 10 S. 212. Bd. 12 S. 200.
Wenn sich auf einem von dem Indossatar vorgelegten Wechsel unter der Adresse des Bezogenen ein Domizilvermerk vorfindet, so darf nicht vermuthet werden, daß dieser Vermerk erst nach Ausstellung des Wechsels von einem Dritten ohne Vorwissen und Genehmigung des Ausstellers auf den Wechsel gebracht worden sei. Seufferts Archiv Bd. 15 S. 85 Note 56.

§. 23.] Der Domizilvermerk. 171

Der Indossant kann eine Einwendung dahin erheben, daß zur Zeit der Indossirung der Domizilvermerk auf dem Wechsel nicht befindlich, und auch nicht mit seiner Zustimmung beigefügt sei. Löhr Centralorg. f. d. H. R. Bd. 1 S. 319.

Durch den nachträglich ohne Genehmigung der Indossanten auf den Wechsel gesetzten Domizilvermerk werden die Verbindlichkeiten derselben nicht geändert. Borchardt (A. D. W. O. 5. Aufl.) Zuf. 433.

Uebrigens hat der oberste Gerichtshof zu Wien (5. Oct. 1865) die Einrede des regreßpflichtigen Ausstellers, daß der Domizilvermerk unbefugt (von einem Nachmann) auf den Wechsel gesetzt sei (sohin der Wechsel bei dem Acceptanten selbst zu protestiren gewesen wäre) verworfen: „in Erwägung, daß durch kein Gesetz dem Wechselinhaber zur Wahrung seiner Regreßrechte die Verpflichtung auferlegt wird (und mit Rücksicht auf die Sicherheit des Wechselverkehrs wohl auch nicht auferlegt werden kann), vor Präsentirung eines Domizilwechsels und Erhebung des Protestes Nachforschungen zu pflegen, und sich den in vielen Fällen unmöglichen Nachweis darüber zu verschaffen, zu welcher Zeit, von wem, oder in wessen Auftrag, und ob von dem Aussteller des Wechsels selbst, oder mit dessen Wissen und Willen das Domizil und der Domiziliat beigesetzt worden seien." Löhr Centralorg. f. d. H. R. Bd. 2 S. 260.

Es ist kein Domizilwechsel vorhanden, wenn nicht der Aussteller, sondern der Acceptant den Zahlungsort beigefügt hat (domizilirtes Accept). Denn in der bloßen Bestimmung eines andern Zahlungsortes und der Namhaftmachung eines Zahlungsleisters an diesem Orte durch den Bezogenen im Accepte ist nicht mehr zu finden, als eine Erklärung des Acceptanten, daß er an diesem Orte und resp. durch die bestellte Adresse zahlen wolle. Die Adresse ist aber kein gesetzlicher Domiziliat, und es bedarf daher auch keiner Protestaufnahme zur Erhaltung der Rechte des Wechselinhabers gegen den Acceptanten, welcher zur Zahlungsleistung an dem hinzugefügten Orte und in der Wohnung des benannten Zahlungsleisters verpflichtet ist. Borchardt (A. D. W. O. 5. Aufl.) Zuf. 141.

Hatte der Bezogene einen andern Zahlungsort beigefügt, so ist nicht in diesem, sondern in dem von Seiten des Trassanten auf die Adresse des Wechsels gesetzten Orte Protest M. Z. zu erheben. Borchardt (A. D. W. O. 5. Aufl.) Zuf. 290 a. und b.

Der Domizilvermerk kann aber entweder unmittelbar durch den Trassanten, oder mit dessen Einverständniß von einem Dritten, und mithin auch von dem Acceptanten auf den Wechsel geschrieben sein. (Borchardt A. D. W. O. 5. Aufl. Note 103 S. 84.) Der Beweis dieses Einverständnisses kann auch auf andere Weise, als durch den Inhalt des Wechsels selbst, geführt werden. Insbesondere ist ein solches Einverständniß als vorliegend anzunehmen, wenn der Aussteller des Wechsels nach der bei der Acceptation geschehenen Hinzufügung eines anderweitigen Zahlungsortes Seitens des Acceptanten den Wechsel zurückempfangen und, ohne seine Mißbilligung des beigefügten Vermerkes zu erkennen zu geben, weiter begeben hat. Archiv f. d. W. R. Bd. 16 S. 83. (O. Trib. Berlin 6. Febr. 1864.) Vgl. ebendas. S. 91 und 92 (Nr. 16 und 17) und S. 95 (Nr. 18).

III. Hingegen die Bezeichnung eines Domiziliaten kann entweder ganz unterbleiben — und dann erscheint der Bezogene als Derjenige, welcher am Domizilorte zahlen soll — oder sie kann von dem Trassanten oder endlich von dem Acceptanten ausgehen. Jene Bezeichnung einer Person (oder Firma), durch welche die Zahlung erfolgen soll, ist nicht zu verwechseln mit der Angabe einer Person (oder Firma), welche nur als eine solche genannt ist, in deren Lokal (Geschäftslokal oder Wohnung) die Zahlung geschehen soll. Die Unterscheidung selbst kann im einzelnen Falle schwierig werden[11], namentlich wenn es heißt „zahlbar bei", ein Ausdruck, der häufig für „zahlbar durch" gebraucht wird. „Zahlbar durch" bezeichnet einen Domiziliaten. „Zahlbar bei" wird meist als gleichbedeutend mit „zahlbar durch" erachtet, ist es aber nicht immer, sondern nur im Zweifel, d. h. wenn nicht entgegenstehende Anzeichen vorliegen[12].

Der in einem Domizilwechsel vorhandene Zusatz eines zweiten alternativ hinzugefügten Domizilvermerkes, welcher nicht von dem Wechselaussteller herrührt, sondern nur erst später von dem (klagenden) Wechselinhaber auf den Wechsel geschrieben worden, ist wirkungslos. Borchardt (A. D. W. O. 5. Aufl.) Note 102 c. S. 83.

Wenn der Bezogene eines nicht domizilirten Wechsels bei dem Accepte nur einen anderen Zahlungsleister an seinem, des Bezogenen, Wohnorte vermerkt, so ist weder eine Domizilirung noch eine Beschränkung des Acceptes erfolgt. Es genügt in einem solchen Falle, behufs des Regresses, die Aufnahme des Protestes gegen den angegebenen Zahlungsleister, und bedarf nicht der Aufnahme des Protestes gegen den Acceptanten selbst. Borchardt (A. D. W. O. 5. Aufl.) Note 216 S. 181. Vgl. Centralorg. f. d. H. R. v. Löhr. N. F. Bd. 4 S. 92.

11) Der protestirende Notar kann der Vorsicht wegen beide Möglichkeiten berücksichtigen, indem er in dem Domizil nicht blos nach dem Domiziliaten, sondern auch nach dem Bezogenen Nachfrage hält.

12) Es kann der Wechsel auch bei dem Trassanten selbst domizilirt sein. Hier ist er die Person, nicht durch welche, sondern bei welcher d. h. in deren Geschäftslokal oder Wohnung die Zahlung erfolgen soll (vgl. Thöl §. 298 Note 6 a. E. S. 606). Vgl. Löhr Centralorg. f. d. H. R. Bd. 2 S. 605. Vgl. auch Seufferts Archiv Bd. 15 S. 101 Nr. 60.

Der Vermerk „zahlbar bei B. in S." gilt im Wechselverkehr als gleichbedeutend mit „zahlbar durch B. in S." Borchardt (A. D. W. O. 5. Aufl.) Zus. 294. Vgl. Seufferts Archiv Bd. 15 S. 98 Nr. 59. Württemb. Archiv Bd. 5 S. 260.

Die Wechseladresse des Bezogenen mit den Worten: „Herrn A. und Co. und Ehefrau in Tharandt und in Dresden zahlbar bei Herrn B." enthält einen Domizilvermerk mit benanntem Domiziliaten. Borchardt a. a. O. Zus. 295. Eben-

IV. Der Inhaber (Nehmer) des Wechsels kann

A. wenn dieser keinen Domiziliaten nennt, also ein unbestimmt domizilirter Wechsel ist, denselben in breierlei Absicht präsentiren:
1. zur Annahme;
2. zur Bezeichnung eines Domiziliaten;
3. zur Zahlung.

Diese Präsentation zur Annahme hat zugleich den Zweck, daß der Bezogene Gelegenheit habe, einen Domiziliaten zu bezeichnen, und kann in dieser Absicht von dem Trassanten auf dem Wechsel vorgeschrieben werden [13] (mit dem Vermerk „zur Annahme zu präsentiren" oder dergl.). Diese Präsentation zur Annahme ist (zwar nicht ausdrücklich, aber stillschweigend) zugleich eine Präsentation zur Aufsetzung einer Zahlungsadresse [14]. **W. O. Art. 24. Satz 3. und 4.**

War diese Präsentation auf dem Wechsel vorgeschrieben, so muß derselbe dem Bezogenen zur Annahme präsentirt, und wenn letztere nicht erlangt wird, Protest erhoben werden. Die Unterlassung des Protestes hat den Verlust des Wechselregresses zur Folge, so daß nicht nur (wie sonst bei Unterlassung eines Protestes Mangels Annahme) der Anspruch auf Sicherheitsleistung, sondern auch der Regreß Mangels Zahlung wegfällt. Denn es ist versäumt worden, die Adresse, bei welcher Zahlung erlangt werden soll, nachzusuchen [15].

Acceptirt der Bezogene, so kann er zugleich [16] die Adresse eines

---

so die Adresse: Herrn J. T. aus Arnswalde zahlbar in Berlin bei Herrn L. L." Ebendas. Zus. 296. Seufferts Archiv Bd. 15 S. 238 Nr. 155.

Der von dem im acceptirten Wechsel angegebenen Wohnorte des Bezogenen abweichende und hinzugefügte Vermerk: „zahlbar im Hotel zu den drei Bergen in Breslau" enthält nur die Bezeichnung eines von dem Wohnorte des Acceptanten verschiedenen Zahlungsortes, nicht aber zugleich auch die Bezeichnung eines anderen Zahlungsleisters. Borchardt (A. D. W. O. 5. Aufl.) Note 225 d. S. 186.

13) W. O. Art. 24 Satz 3 u. 4: „Der Aussteller eines Domizilwechsels kann in demselben die Präsentation zur Annahme vorschreiben. Die Nichtbeobachtung dieser Vorschrift hat den Verlust des Regresses gegen den Aussteller und die Indossanten zur Folge."

14) Der Bezogene wird bei der Präsentation und Protesterhebung nicht speziell zu Angabe einer Zahlungsadresse aufgefordert (Arch. f. d. W. R. Bd. 10 S. 6 ff.).

15) Vgl. §. 49. 51. 52. 66.

16) Ein Accept ist auch in der Nennung des Domiziliaten enthalten (Thöl §. 298 S. 607), wenn sie der Bezogene unterzeichnet.

Domiziliaten beifügen [17], oder dieß unterlassen. Im letzteren Fall bedarf es nicht eines weiteren Protestes wegen Nichtbezeichnung eines Domiziliaten. Denn nun wird angenommen, der Bezogene selbst [18] wolle am Domizilort bei Verfall die Wechselzahlung leisten.

Ist die Präsentation zur Annahme nicht vorgeschrieben, so kann der Inhaber gleichwohl die Präsentation vornehmen, und wenn die Annahme nicht erfolgt, Protest erheben lassen, sofern er den Regreß auf Sicherheitsleistung beabsichtigt. Es gilt hier bezüglich des Domizilwechsels nichts anderes, als bei der nicht domizilirten Tratte [19].

B. Eine bestimmt domizilirte Tratte steht bezüglich der Präsentation zur Annahme einer nicht domizilirten gleich. Will der Inhaber diese Präsentation vornehmen, so geschieht sie bei dem Bezogenen (nicht etwa bei dem Domiziliaten).. Unterläßt er die Präsentation oder doch den Protest M. A., so ist damit der Regreß Mangels Zahlung nicht beeinträchtigt.

V. In dem Accept

A. bei dem bestimmt domizilirten Wechsel, oder wenn bei dem unbestimmt domizilirten der Acceptant einen Domiziliaten bezeichnet hat, verspricht der Bezogene die Regreßsumme für den Fall, daß der Domiziliat die Wechselsumme nicht zahle [20].

B. Der Acceptant eines unbestimmt domizilirten Wechsels (wenn bei dem Accept kein Domiziliat bezeichnet wurde) verspricht:

1. er werde selber die Wechselsumme am Zahlungsorte zahlen.

---

17) Der Vermerk des Bezogenen bei seinem Accepte eines Domizilwechsels „zahlbar bei dem Trassanten" enthält eine genügende Bezeichnung des Trassanten als Domiziliaten und Zahlungsleisters. Borchardt (A. D. W. O. 5. Aufl.) Zus. 298.

18) Der Trassat kann als den Zahlungsleister sich selber nennen (z. B. „Zahlbar bei mir selbst"). Er kann dieß aber als selbstverständlich unterlassen.

19) Siehe §. 51.

20) Der Acceptant verspricht nicht etwa blos: er werde dem Domiziliaten die Wechselsumme einsenden und denselben in Stand setzen, die Zahlung zu leisten. (Ebendeßhalb wird der Acceptant dem Trassanten gegenüber nicht dadurch schon frei, daß er auf Anweisung des letztern dem Domiziliaten den Wechselbetrag zur Verfallzeit eingesendet hatte. Anders, wenn der Trassant diese Einsendung als Befreiung des Acceptanten gelten lassen zu wollen direct oder indirect erklärt hätte. Vgl. Löhr Centralorg. f. d. H. R. Bd. 2 S. 128 f. Borchardt a. a. O. Zus. 423.

Eigenwechsel 627.
— Anwendbarkeit der bei der Tratte geltenden Grundsätze 633.
— oder Tratte? zweifelhafte Form 637.
— mit Verschiedenheit des Ausstellungs- und Zahlungsortes 167.
— Wechselversprechen 55.
Einführungs-Gesetze 27 Anm. 20.
— zur Allgemeinen D. W. O. 15 Anm. 1.
— für den norddeutschen Bund 18 Anm. 2.
— im Gebiete des norddeutschen Bundes, Uebersicht 21 Anm. 10.
Einleitung 1.
Einlösung des Wechsels durch den Indossanten bei dem Ehrenzahler trotz eines ungiltigen Protestes 450 Anm. 22.
— im Regreßweg 510.
— Legitimation des Einlösenden zur weitern Regreßklage 592.
— eines präjudizirten Wechsels 522. 523.
— s. auch Zahlung.
Einreden 561.
— deren Ausschluß in Gemäßheit der materiellen Wechselstrenge 56.
— der Wechsel sei nicht so begeben wie er lautet 429.
— des Zwangs 86.
— der Intercession 92.
— aus den dem Wechsel unterliegenden Verhältnissen 107.
— der väterlichen Gewalt 95.
— der mangelnden Deckung, steht sie dem Acceptanten zu? 113.
— aus dem unterliegenden Schuldverhältniß (der Ungiltigkeit oder Anfechtbarkeit desselben) 113.
— der nicht berichtigten Valuta 114.
— des Nichtempfangs der Waaren 114 Anm. 23.
— des nicht erfüllten Vertrags 584 Anm. 54.
— der Kompensation mit der Valuta-Forderung 115.
— der Nichterfüllung des Gegenversprechens 115.
— des Nichteintritts der Bedingung des Wechselversprechens 115.
— des Ausstellers des Interimswechsels aus dem Hauptwechsel 119.
— der veränderten Umstände für den Acceptanten 135.

Einrede des Acceptanten 139.
— des Acceptanten, er habe keine baare Deckung erhalten 146.
— des Acceptanten gegen den Trassanten wegen mangelnder Deckung 141.
— der nicht erhaltenen Valuta 157 Anm. 22.
— des unbefugt auf den Wechsel gesetzten Domizilvermerks 170 Anmerk. 10. 171.
— des Acceptanten, der Domizilvermerk sei wider seinen Willen durchstrichen worden 177 Anm. 27.
— des mangelnden Willens 229.
— gegen den Cessionar des Wechsels 292.
— der Ehrenzahler habe sich widerrechtlich vorgedrängt 452.
— mangelnder Deckung gegen den Trassanten 305.
— gegen den Indossatar 316.
— gegen den Nach-Indossatar 343 Anm. 22.
— gegen den Prokura-Indossatar 335 Anm. 8.
— gegen den Inhaber eines Blanko-Indossamentes 329.
— aus der Person des Zwischen-Indossanten 355.
— gegen die Legitimation aus materiellen Gründen 357.
— des Acceptanten gegen den amortisirten Wechsel 550.
— bei Eigenwechseln 636. 647.
— deren Vorbringen im Prozeß 597.
Einschaltungen in dem Wechsel 212.
Einschränkung des Acceptes 370. 374.
— Durchstrich derselben 232.
Einseitigkeit des Wechselversprechens 52 Anm. 9.
Einsendung des Wechsels an den Bezogenen zur Annahme 381.
Einstellung der Zahlungen, s. Zahlungseinstellung.
Einwendungen gegen den Anspruch wegen Unsicherheit des Acceptanten 419.
— gegen die Exekution 605.
— s. auch Einreden.
„Empfangen mit Auslieferung der Prima" 435 Anm. 26.
Empfangsbescheinigung, s. Quittung.
Ende des Jahres 218 Anm. 21.

Sachregister.

Englisches Wechselrecht 29 Anm. 1.
Entmündigte Personen 81.
Entnehmen 71.
Entscheidungen der Gerichte, s. Praxis.
Entschiedene Sache, s. Rechtskräftig.
Erbe, Ausfüllung des Wechsels durch denselben 211 Anm. 133.
—— des Wechselschuldners 554.
—— minderjähriger 83.
—— Dissessionseid desselben 600.
Erbieten mehrerer Wechselschuldner, s. Mehrere.
Erfordernisse der Tratte 178.
—— des Wechsels, nach den Gesetzen des Ausstellungsortes zu beurtheilen 32.
—— einer Wechselerklärung, nach ausländischem Recht beurtheilt 32 Anmerk. 12.
—— des Indossamentes 309.
—— des Eigenwechsels 628.
—— des Protestes 391.
—— einer Handlung, s. Nothwendigkeit.
Ergänzende Vorschriften der Landesgesetze im norddeutschen Bundesgebiet, deren fortwährende Geltung 19 Anm. 9.
Ergänzung, nachträgliche, eines Wechsels 232.
Erhebung des Protestes, s. Protest.
Erklärung des Protestaten, deren Angabe im Protest 397.
Erlaß, s. Nachlaß.
—— s. Protesterlaß.
Erlöschen der Verbindlichkeit, s. Befreiung.
—— s. Präjudizirung.
—— s. Tilgung.
—— s. Verjährung.
Ermächtigung, s. Vollmacht.
„Es soll mir valediren" 154.
„Es soll mir gute Zahlung sein" 154.
Eviction, Haftung des Indossanten für dieselbe 323.
Exceptio non impleti contractus 584 Anm. 51.
—— s. auch Einrede des nicht erfüllten Vertrags.
—— non numeratae pecuniae 113 Anm. 22.
—— rei judicatae, s. Rechtskräftig.
Exekution 605.
—— nach welchen Ortsgesetzen zu beurtheilen? 37.

Exekution gegen eine Ehefrau 91.
—— gegen den Acceptanten als Grund des Sicherheitsregresses 117.
Exemplare des Wechsels, s. Duplikate.
Exterritorialität 590 Anm. 7.

Fähigkeit, s. Wechselfähigkeit.
Fälligkeit, s. Verfalltag.
Fälschung des Wechsels 535.
—— des Eigenwechsels 635.
—— Vorsorge dagegen im Avis 150.
—— Einrede 567.
Fahrlässigkeit bei dem Erwerb eines abhanden gekommenen Wechsels 545.
Fallissement, s. Konkurs.
Falls bei N. 217.
Falscher Wechsel, s. Fälschung.
Familiennamen des Inhabers der bezogenen Firma, Acceptation unter demselben 373.
Faustpfand, s. Pfand.
Faveur-Tage 368 Anm. 9.
Feiertag 366.
—— dessen Einfluß auf den Zahlungstag 422.
—— im Lauf der Notifikationsfrist 487.
Fingirte Tratte 198 Anm. 86, 541.
Fingirter Rückwechsel 198 Anm. 11, 506.
Finnland 29 Anm. 1.
Finnische W. O. 15 Anm. 4.
Firma, deren Wechselfähigkeit 89.
—— deren Zeichnung 100.
—— Trassiren auf dieselbe unter dem bürgerlichen Namen 165.
—— des Remittenten, Angabe im Wechsel 185.
—— des Ausstellers 190 Anm. 49.
—— des Bezogenen Anm. 199.
„Fix am" 218 Anm. 18.
Fix auf Sicht 237.
Förmlichkeit, der Protest als solche 386.
—— s. auch Form der Handlungen.
Force majeure, s. höhere Gewalt.
Forderung, s. Anforderung.
—— s. Schuldforderung.
—— s. Klagrechte.
—— s. Regreßforderung.
Form des Wechsels 207.
—— der Tratte 209 Anm. 126.
—— des Wechsels bedingt allein dessen Geltung 51.
—— des Eigenwechsels 634.
—— der mit einem Wechsel vorzunehmenden Handlungen, nach welchen Ortsgesetzen zu beurtheilen? 35.

Wächter, Wechselrecht. 43

Form des Wechselvertrags 123.
—— einer zusammenhängenden Reihe von Indossamenten als maßgebend für die Legitimation 357.
—— s. auch Erfordernisse.
Formalkontrakt ist der Wechsel 53 Anm. 13.
Formaler Charakter des Wechselversprechens 53.
Format des Wechsels 205.
Formular einer Anweisung 62 Anm. 2.
—— eines gewöhnlichen Wechsels 44.
Formulare bei Wechseln 209.
—— deren Ausfüllung 227 Anm. 3.
Formvertrag ist der Wechsel in Betreff seiner Entstehung 54.
—— ist der Wechsel auch in Betreff seiner Geltendmachung 54.
—— ist das Indossament 321.
Forum, s. Gericht.
Frankfurt a/M. Ges. über Anweisungen 66 Anm.
Frankreich, Ausbildung des Wechsels daselbst 6.
—— Gesetzgebung 28 Anm. 1.
Frauen, deren Wechselfähigkeit 88.
—— deren Volljährigkeit 82.
—— deren Verbindlichkeit, s. Intercession.
Fremde Rechnung, Wechsel für solche 148.
—— Nothadresse für solche 249.
—— s. auch Trassant für fremde Rechnung.
—— Sprache, Wechsel in solcher 213.
—— Unterschrift in derselben 62.
—— s. auch Ausländer.
Fremd trassirter Wechsel 162 Anmerk. 1. 166.
Frist der Protesterhebung, s. Protestfrist.
—— der Verjährung, s. Verjährung.
—— s. auch Vorgfrist.
—— s. auch Sistirung.
Für die Stempelstrafe zu stehen 181 Anm. 13.
Für mich, Bedeutung dieser Worte im Indossamente 276.
Für mich an Sie selbst 310.
Furcht, Einrede derselben 588.

Gang des Wechselgeschäfts, s. Wechselgeschäft.
Gant, s. Konkurs.
Garantie, als wesentliches Merkmal der Tratte 51.

Geben und Nehmen des Wechsels 123.
—— des Indossamentes 321.
Geber des Wechsels 71.
—— eines falschen Indossamentes 339.
Gebietende Vorschriften des inländischen Rechts 3.
Gebrechliche Personen 86.
Gedeckter Kredit, Trassiren auf solchen 149.
—— Wechsel 287.
Gedeckte Zahlung 432 Anm. 14.
Gedruckter Name gilt nicht als Accept 370.
Gefälligkeit, Einrede, der Wechsel sei nur aus Gefälligkeit begeben 566 Anm. 13.
Gefälligkeitsaccept 134.
—— Anspruch auf Deckung 142 Anm. 1.
Gefahr, Uebergang derselben in Betreff des zu liefernden Wechsels 121.
—— der Deckung 147.
—— der deponirten Summe 442.
Geführte Hand 229.
Gegen diesen Wechsel 54.
Gegenansprüche, s. Einreden.
—— s. Gegenforderung.
—— s. Kompensation.
Gegenbeweis gegen die Protesturkunde 388.
Gegenforderung aus dem unterliegenden Verhältniß 113.
Gegenleistung, von einer solchen ist das Accept unabhängig 134.
—— von einer solchen darf die Zahlung im Wechsel nicht bedingt werden 183.
Gegenordre, s. Kontreordre.
Gegenrechnung, s. Kompensation.
Gegenstand des Wechsels 54. 181.
—— der kaufmännischen Anweisung 69.
Gegenversprechen, dessen Nichterfüllung als Einrede 115.
Gegenwechsel 586.
—— an Zahlungsstatt 432.
—— s. auch Ausgleichungswechsel.
—— s. auch Rückwechsel.
Gegenwerth, s. Valuta.
Geisteskranke 84.
Geisteskrankheit, Einrede 579 Anm. 41.
Geistesschwäche, s. Geisteskranke.
Geistesverwirrung, als Einrede 84 Anm. 31.
Geistliche, deren Wechselfähigkeit 97.
Geld als Gegenstand des Wechsels 54.
Geldgeber 73.
Geldsendungen, durch Wechsel vertreten 3 Anm. 9.

Sachregister.

Geldsorte, deren Angabe im Wechsel 151.
— der Wechsel-Zahlung 430.
— Protest wegen derselben 159.
Geldsumme, deren Angabe im Eigenwechsel 629.
Geldwechsler im Mittelalter 4.
Geldzahlungsversprechen ist der Wechsel 55 Anm. 18.
Gemachtes Papier, Befugniß des Wechselgebers, ein solches zu liefern 117.
Gemeiner Regreß 491. 506.
Gemeines deutsches Wechselrecht des norddeutschen Bundes 17.
Gemeinsames deutsches Recht 26 Anm. 15.
Gemeinschuldner, s. Konkurs.
Genehmigung des Ehemanns, nachträgliche 91 Anm. 56.
— mündlich ertheilte 98 Anm. 1.
— des Ehemanns, s. Ehefrau.
Generalvollmacht 99.
Genf 28 Anm. 1.
Genossenschaft als Remittent 186.
Gericht, zuständiges 590.
Gerichtliche Anerkennung, s. Anerkennung.
— Beschlagnahme, s. Beschlagnahme.
Gerichtsstand, s. Gericht.
Gesandte, deren Exterritorialität 97. 590 Anm. 7.
Geschäft, s. Wechselgeschäft.
Geschäftsbetrieb eines Minderjährigen 82.
Geschäftslokal 362.
— wenn nicht zu ermitteln 365.
Geschäftsnachfolger des Wechselschuldners 554 Anm. 2. 556 Anm. 10.
Geschäftsort, s. Ort.
Geschichte des Wechsels und Wechselrechts 4.
— der deutschen Gesetzgebung über Wechselrecht 13.
— des Wechselrechts, Litteratur derselben 39.
„Gesehen" als Acceptationsvermerk 371 Anm. 9.
Gesellschaften, s. Handelsgesellschaften.
— s. auch Vereine.
Gesetz zu Einführung der W. O., s. Einführungsgesetz.
Gesetzgebung blieb dem Wechselverkehr ursprünglich ferne 2.
Gestohlen, Einrede, der Wechsel sei gestohlen 565 Anm. 12.

Gewerbelokal 363.
Gewerbebetrieb, s. Geschäftsbetrieb.
Gewohnheiten als ursprüngliche Quelle des Wechselrechts 9. 25 Anm. 14.
Gewohnheitsrecht 25.
Gezogener Wechsel, s. Tratte.
Girirbarkeit 297 Anm. 1.
Girirung eines Rektawechsels 300.
Giro 305.
— des Bürgen 285 Anm. 8.
— eines Schlußzettels 294.
— s. auch Indossament.
Gläubiger des Acceptanten 135.
— s. auch Wechselgläubiger.
Gnaden-Tage 368 Anm. 9.
Gold als Wechselzahlung 432.
Griechenland 28 Anm. 1.
Grundbegriffe 1.
Grundtratte bei der Wechselreiterei 543.
Grundwechsel des Trassanten 59.
Guter Glaube, dessen Beachtung im Rechtsleben 29.
Gutes Papier 77 Anm. 4.
Gut für 182.

Haftbarkeit des Bevollmächtigten, welcher seine Vollmacht überschreitet 102.
Haiti 28 Anm. 1.
Halber Monat 223. 243.
Hamburg V.O. v. 5. März 1849 23 Anm. 11.
— erste Aufzeichnung des Wechselrechts das. 9. 10.
— Vorschrift in Betreff eines Domiziliaten in Altona 169 Anm. 9.
Handelsfrau 89.
Handelsgebrauch als Urheber des Wechselrechts 10 Anm. 15.
Handelsgerichte, deren Stellung zum Wechselrecht 28.
Handelsgeschäft, ist der Wechsel ein solches? 56.
— eines Minderjährigen 83 Anm. 25.
Handelsgesellschaften, deren Wechselfähigkeit 88.
Handelsgesellschafter, dessen Unterschrift 100.
— dessen Zeichnung nach erloschener Firma 103 Anm. 15.
— dessen Vertretungsbefugniß 105.
— dessen Haftbarkeit 556.
Handelsrecht, gehört demselben der Wechsel an? 1.

43*

Handelsstand als Urheber des Wechselrechts 9.
Handlungen, deren Form, s. Form.
Handlungsunfähige Personen 84.
Handwechsel 3 Anm. 7.
Handzeichen 228 Anm. 7. 231.
—— des Ausstellers einer Wechselerklärung 194.
Hanseaten, deren Wechselgeschäfte im Mittelalter 9.
Hauptprotest 453.
Hauskinder 95.
Hausnummer des Bezogenen 200.
Haussohn, Entlassung des minderjährigen aus väterlicher Gewalt 82 Anm. 22.
Hebräische Unterschrift 62. 192.
Herausgabe des Wechsels, Recht, dieselbe zu fordern 55.
—— des einkassirten Betrags eines verlornen Wechsels 547.
Herwechsel, s. Rückwechsel.
Hessen-Darmstadt, Gesetzgebung 26 Anm. 19.
„Heute" zahlbar lautender Wechsel 219 Anm. 23.
Hilfsadresse 246 Anm. 1.
Hingabe an Zahlungsstatt, Einrede 573 Anm. 28.
Hinterlegung, s. Deponirung.
Historische Entwicklung, s. Geschichte.
Höhere Gewalt 521. 595 Anm. 34.
Holländisches Handelsgesetzbuch 28 Anm. 1.
Holstein, K. Preuß. V.O. v. 13. Mai 1867 24 Anm. 12.
Honorant 75.
Honorat 75.
—— bei der Ehrenannahme 410. 413.
—— bei der Ehrenzahlung 444.
Honor-Tage 366 Anm. 9.
Hypothek, s. Pfand.
Hypothekwechsel 287.

Ja des Acceptanten 58.
Jahr der Ausstellung des Wechsels, dessen Angabe 195 Anm. 74.
—— dessen Bezeichnung in der Angabe der Zahlungszeit 219.
„Ich hafte für den Eingang" 279 Anm. 17.
—— „für die Richtigkeit" 280 Anm. 17.
Identität des Trassanten und Bezogenen 165.
—— des letzten Wechselnehmers vom Zahlenden zu prüfen 359.

Identität des Nehmers im Prozeß 593 Anm. 22.
—— des Wechselgebers, Prüfung desselben 516.
Illiquide Einreden 597.
Im Nothfall zahle ich diesen Wechsel 279 Anm. 17.
In Courant oder in Sorten 181 Anm. 13.
Indorso, s. Bankoindorso.
Indossabilität 296. 297.
Indossament 305.
—— dessen Entstehung im Mittelalter 6.
—— als Tratte 306.
—— als Anschlußwechsel 58. 320.
—— des Eigenwechsels 635. 637.
—— der Anweisung 64.
—— nicht als Aval aufzufassen 282.
—— Durchstrich oder Korrektur in demselben 178 Anm. 1. 232 Anm. 25. 26.
—— Durchstrich durch den einlösenden Indossanten 494.
—— auf der Kopie 271.
—— des Kommissionärs 159.
—— Beglaubigung 592.
—— mit dem Zusatz „als Bürge" 283 Anm. 2.
—— zum Zweck der Verbürgung 285.
—— als Cession 295.
—— muß ein solches zu dem Wechsel an eigene Ordre hinzukommen? 303.
—— ohne Obligo 330.
—— zum Inkasso 333.
—— zur Begebung 333 Anm. 1.
—— nach Verfall 338.
—— Präsentationsfrist gegenüber dem Nach-Indossanten 429.
—— nach Verfall, Protestfrist 481.
—— Prolongationsvermerk des Nachindossanten 517.
—— einer doppelt ausgefertigten Kopie 271.
—— falsches 538.
—— deren Reihenfolge, behufs der Legitimation des Indossatars 348.
—— lückenhafte Reihe, s. Lücke.
—— Abschrift in der Protest-Urkunde 391.
—— mit Papier überklebt 352 Anm. 14.
—— auf den klagenden Trassanten, Legitimation durch dasselbe 592.
Indossant 73.
—— dessen Wechselunfähigkeit ohne Einfluß auf die übrigen Unterschriften 81.

Indossant, dessen Wechselvertrag 319.
— dessen Verpflichtung 322.
— seine Rechte bei Wiedereinlösung des Wechsels 314, 504.
— Bereicherungsklage gegen ihn nicht statthaft 622 f.
— Haftung desselben bei einem verfälschten Indossament 540.
— des Eigenwechsels, seine Haftung durch Protest M. 3. bedingt 611.
— des domizilirt-eigenen Wechsels 640.
— Kontreordre desselben 579.
— eines abhanden gekommenen Wechsels 552.
— Einreden (des Acceptanten) gegen den Indossatar aus der Person des Indossanten 588 Anm. 64.
Indossat 73.
Indossatar, 73. Legitimation 348.
— sein Recht gegen die Wechselgeber 298.
— dessen Rechte 314.
— Verpflichtung zur Notifikation 484.
Indossirter 73.
Indossirung, Valutenverhältniß 153.
— vor Ablauf der Protestfrist, aber zu spät, um innerhalb derselben Protest zu erheben 523 Anm. 13.
— des Rückwechsels 508.
— an den Aussteller 638.
— s. auch Indossament.
Inhaber des Wechsels 73, 544.
— seine Obliegenheiten 74.
— mehrere, welche sich mit Wechselexemplaren bei dem Bezogenen melden 261.
— seine Legitimation 347.
— des Blanko-Indossamentes 327.
— eines Eigenthümer abhanden gekommenen Wechsels 361.
— letzter, des Wechsels, sein Regreßanspruch M. 3. 495.
— an N. oder jeden getreuen Inhaber 188.
Inhaberpapier, als solches dient der Wechsel mit Blankogiro 326.
Inhaberwechsel 187.
Inhalt der Wechselerklärung, nach den Gesetzen des Ausstellungsortes zu beurtheilen 34.
— des Wechselversprechens 52 Anm. 7.
Inkasso, Girirung eines Rectawechsels zum Inkasso 300.
— s. auch Prokura.

Inland, im Gegensatz zu Ausland 29.
— in demselben von einem Ausländer übernommene Wechselverbindlichkeit 31.
— in demselben auf einen ausländischen Wechsel gesetzte Erklärungen 32.
Insolvenz, s. Konkurs.
— s. Zahlungseinstellung.
Intercession einer Frau 92. 586.
Interesse, Anspruch des Regreßnehmers auf dasselbe 490.
— wegen betrüglichen Vorgebens der Wechselfähigkeit 79.
Interimsschein 119. 120.
Interimswechsel 119.
— über die Valuta 155, verwandelt den Anspruch auf diese in eine Wechselforderung 117.
Intervenient 75.
Intervention zu Gunsten des Ausstellers steht dem Acceptanten nicht zu 160 Anm. 6.
— deren Nachsuchung bei der Nothadresse 249.
— bei Eigenwechseln 638.
Interventionsannahme, s. Ehrenannahme.
Interventionsprotest 453.
Interventionszahlung, s. Ehrenzahlung.
Johanni 196.
Jonische Inseln 28 Anm. 1.
Irrthum, wesentlicher 61.
— in Betreff der in den Wechsel geschriebenen Wechselsumme 184.
— des zahlenden Bezogenen 139.
— Einrede aus demselben 587.
Italien als Heimath des Wechsels 4.
— Gesetzgebung 28 Anm. 1.
Julianischer Kalender 222 Anm. 35.
Juristische Personen, deren Wechselfähigkeit 87.
Jus variationis, s. Variationsrecht.

Kalenderjahr, s. Jahr.
Kalendertag, dessen Angabe als Verfallzeit 218.
— s. auch Datum.
Kanzlei, ist sie Geschäftslokal? 363.
Kassation, s. Rechtsmittel.
— s. auch Durchstrich.
Kassatorische Klausel 253.
Kassenanweisungen als Wechselzahlung 432.
Kassirtage 237. 423.
— Einfluß auf die Protestfrist 492.

Kauf, ist der Wechsel ein solcher? 50.
Kaufmann und Nichtkaufmann 57.
Kaufmännische Anweisung 64 Anmerk. 6 u. 7. 68.
Kaufmannsbrauch, s. Gewohnheiten.
Kaufpreis d. Wechsels, s. Kurs-Valuta.
Kaution, Einrede, der Wechsel sei dem Kläger nur behufs Stellung einer Kaution gegeben 564.
—— s. auch Sicherstellung.
Kellerwechsel 541.
Kirchenstaat, s. Rom.
Klage, Einreichung 591 f.
—— gegen eine Ehefrau aus einem ohne Zustimmung des Ehemannes acceptirten Wechsel 90 Anm. 51.
—— gegen den angeblichen Bevollmächtigten auf Grund seiner Wechselerklärung 105.
—— auf Zahlung des Sichtwechsels durch die Präsentation bedingt 237 Anm. 7.
—— Mangels Annahme, Frist für dieselbe 110.
—— s. auch Klagrecht.
Klagenhäufung 591.
Klagerhebung, Ergänzung vor derselben 211.
Klagrecht aus Wechseln 553.
—— gegen den Acceptanten nicht durch den Nachweis der Präsentation bedingt 556.
—— des Cessionars 294.
—— des Prokura-Indossatars 337.
—— des Ehrenzahlers gegen die Vormänner des Honoranten 451 Anmerk. 28.
—— aus Eigenwechseln 645.
Klagsumme 557.
Körperliche Gebrechen, s. Gebrechliche.
Kollision mehrerer Erbietungen zur Ehrenzahlung 451.
Kommission im Wechselgeschäft 158.
—— Einrede, der Wechsel sei nur zur Sicherheit für Kommissionswaaren gegeben 564.
Kommissionär 105.
—— zur Anschaffung von Wechseln 158.
—— zu Verwerthung eines Wechsels 159.
—— dessen Giro 167.
—— der Indossant als solcher 323.
—— als Valutazahler bemerkt 187.
—— kann nicht ohne Obligo giriren 332.

Kommissionsgut, Wechsel über solches gezogen 162.
Kommissionstratte 160. 131 Anmerk. 17. 143 Anm. 5.
Kommissionsverhältniß bei dem Indossament 321.
—— s. auch Kommission.
Kommittent, dessen Avis 150.
Kompensation 432; mit der Valutaforderung 115.
—— der Regreßforderung 194.
—— im Konkurs 510 Anm. 1. 614.
—— Einrede 576. 577.
Konferenz, s. Leipziger.
—— s. Nürnberger.
Konkurs des Wechselschuldners 612.
—— dessen Einfluß auf die Wechselfähigkeit 84. 97.
—— hebt die Nothwendigkeit des Protestes M. Z. nicht auf 461.
—— des Acceptanten 373.
—— · · als Grund des Sicherheitsregresses 417.
—— mehrerer Wechselschuldner 616.
—— des Bezogenen, ohne Einfluß auf die Protestfrist 479.
—— des Präsentaten, Protestort 365.
—— des Bezogenen, welcher keine Deckung erhielt 144 Anm. 6.
—— des Bezogenen, wer ist bezüglich der Deckung forderungsberechtigt? 131.
—— des Protestaten 472.
—— des Trassanten. Anspruch an die von demselben dem Bezogenen gemachte Deckung 148.
—— des Prokura-Indossanten 338.
—— des Wechselinhabers, Legitimation zum Empfang der Wechselzahlung 426.
—— des Inhabers, Befugniß des Kurators, zu indossiren 309.
—— des Nehmers eines Wechsels, Anspruch des Gebers 122.
—— Einfluß auf Verjährung 532.
—— Einfluß auf die Passivlegitimation 594.
Konsul, hat keine Exterritorialität 97 Anm. 69.
Kontraprotest 192 Anm. 19.
Kontreordre 578.
—— des Trassanten 290.
—— deren Einfluß auf den Deckungsanspruch des Bezogenen 148.
—— des Verlierers eines Wechsels 547.

Sachregister.

Kontreordre des Prokura-Indossanten 337.
— als Einrede des Acceptanten 579.
Kopien 269.
— Abweichungen vom Originalwechsel 273.
— um Prima oder Secunda an sich zu ziehen 274.
— mit Lieferung einer solchen statt Originals ist die Verbindlichkeit des Wechselgebers nicht erfüllt 118.
— mit Nothadresse 275.
— bei Wechseln auf Nebenplätze 275.
— Indossament auf derselben 312.
— Präsentation zur Zahlung 129.
— Prolongation auf derselben 515 Anm. 7.
— des Eigenwechsels 635.
— „Bis hieher Kopie" 271.
Korporationen, deren Wechselfähigkeit 87.
Korrecturen 231.
— Einfluß auf die Legitimation 592 Anm. 15.
— Einrede der Fälschung aus derselben 539 Anm. 27.
Kosten, dem Regreßgläubiger zu vergütende 490. 502.
— vom Wechselgläubiger zu vergüten 558.
— der Versendung des Avisbriefes 151.
— s. auch Auslagen.
Kostenfrei zurückzusenden 466 Anm. 3.
Krankheit des Protestaten 176.
Kreationstheorie 12.
Kreditpapiere, deren Uebermachung als baare Deckung 149.
Kreditzahlung 432 Anm. 14.
Kreuze, s. Handzeichen.
Kridar 86. 97.
— s. auch Konkurs.
Kumulationssystem bei der Regreßnahme des Indossanten 503 Anm. 7.
Kündigung, trassirter Wechsel auf solche ungiltig 216.
— Accept auf Kündigung 375.
— eigener Wechsel auf K. 643.
Kuratel, s. Vormundschaft.
— s. auch Entmündigte.
Kurator des Kridars, ist bei ihm zu protestiren? 365.
— s. auch Konkurs.
Kurs, nach demselben kann der Werth der Wechselsumme bezahlt werden 182. 431.

Kurs der Wechselsumme, welche der protestirende Inhaber im Regreßweg fordert 497.
— der Regreßsumme für den protestirenden Wechsel-Inhaber 498.
— für die Regreßnahme des protestirenden Wechselinhabers, Bescheinigung desselben 499.
— der Regreßsumme des regreßberechtigten Indossanten 503.
— s. auch Disköont.
Kursänderungen nach erfolgter Deponirung der Wechselsumme 442.
Kurzes Papier 118. 217.

Ladung auf die Klage 595.
Landesgesetzgebung, s. Partikulargesetzgebung.
Landesgesetzliche Vorschriften im norddeutschen Bundesgebiet, deren Geltung 19 Anm. 9.
Langes Papier 118. 217.
Laufende Rechnung, Uebersendung von Wechseln in L R. 120.
Laut Avis 150.
— oder ohne Bericht 151.
— übergebenem, ausgeliefertem, behändigtem Avis 151.
Lebensalter der Volljährigkeit, s. Volljährigkeit.
Leere Stellen im Wechselformular 209.
Legitimation des Wechselgläubigers 347.
— bei dem Eigenwechsel 635. 645.
— zu Empfang der Zahlung 425.
— des Verlierers eines Wechsels gegen den Inhaber 547.
— zur Einleitung des Amortisationsverfahrens 548.
— Einrede aus Mängeln derselben 567.
— des Inhabers der Kopie 272.
— des Cessionars 293.
— durch Blanko-Indossament 326.
— des Nach-Indossatars 339. 344.
— zu Empfangnahme d. Wechsels 361.
— zur Regreßnahme M. A. 408.
— zum Regreß wegen Unsicherheit des Acceptanten 419.
— des Honoraten zum Regreß M. B. 449 Anm. 20.
— zur Protesterhebung M. B. 470.
— des Indossanten zur Regreßnahme 501 Anm. 1.
— des Inhabers eines dem Eigenthümer abhanden gekommenen Wechsels 515.

Legitimation des Klägers 591.
Leipziger Conferenz für die gemeinsame deutsche W. O. 14.
—— Wechselordnung 10.
Lesens-Unkunde 86. 195.
Lettera di cambia 180.
Lettern einer fremden Sprache, s. fremde Sprache.
Lettre de change 180.
Lieferung des Wechsels 117. 120.
—— eines eigentrassirten Wechsels 167.
Lieferzeit des Wechsels 121.
Limburg 15 Anm. 1.
Liquidatoren 100.
Liquide Einreden 597.
Liquibität der Einreden 563.
Litisdenunciation, s. Streitverkündigung.
Litteratur des Wechselrechts 39.
Lokal der Präsentation zur Zahlung 428.
—— der Protestaufnahme, s. Protestort.
—— s. auch Geschäftslokal, Ort.
Lücke in der Reihe der Indossamente 360. 492 Anm. 16.
Luxemburg 15 Anm. 1.

Mäkler als Vermittler des Wechselschlusses 119.
Mäklergebühren für den Rückwechsel 508.
Majorennität, s. Volljährigkeit.
Mandat, Versuch, darauf den Wechsel zurückzuführen 13 Anm. 22.
—— enthält der Wechsel ein solches? 130 Anm. 6.
—— als Rechtsverhältniß zwischen dem Trassanten und Bezogenen 290.
—— s. auch Auftrag.
Mandat des französischen Rechts 63 Anm. 5.
Mängel in der Form des Wechsels 207.
—— des Wechsels 227. 228.
—— des Wechsels an eigene Ordre können nicht durch das Indossament ergänzt werden 304.
—— im Protest, Beachtung von Amtswegen 561 Anm. 1.
Mangelhafte Erklärungen bei dem Eigenwechsel 635.
Mangelhafter Protest 478.
—— s. auch Protest.
Marktpreis des Wechsels 154.
Martini 196.
Masseverwalter, s. Erbschaft, Konkurs.
Material des Wechsels 205.

Materielle Wechselstrenge, s. Wechselstrenge.
Materielles Wechselrecht 56 Anmerk. 22.
Medio Januar 218.
Mehrere Aussteller eines Wechsels, deren Unterschrift 195.
—— Trassanten 130 Anm. 1.
—— Aussteller des Eigenwechsels 628. 631. 646.
—— Bezogene eines Wechsels 200.
—— , Präsentation zur Zahlung bei denselben 427.
—— Wechselschuldner, welche sich zur Einlösung erbieten 513.
—— Wechselschuldner, Zahlung von Einem derselben 437.
—— welche die Ehrenzahlung anbieten 451.
—— Zahlungsorte in einem Wechsel 203.
—— Wechsel, Protesturkunde über dieselben 394.
Mehrheit von Wechselversprechen auf dem Wechselpapiere 59.
—— von Wechselverbundenen 75.
Merkmale, wesentliche der Tratte 51.
Messe, deren Angabe statt Datums 196.
Messen im Mittelalter 5.
Meßwechsel 224.
—— deren Entstehung 5.
—— als domizilirte Wechsel 117.
—— Zeit der Präsentation zur Annahme 353.
—— Verfallzeit derselben 422.
—— Zahlungsort 428.
—— Protestzeit 482.
Michaeli 196.
—— als Bezeichnung der Zahlungszeit 219 Anm. 21.
Militärpersonen, deren Wechselunfähigkeit in Oestreich 96.
Minderjährige 81.
—— Erben, als Beklagte 594 Anmerk. 28.
—— nach preußischem Recht 81 s. Anmerk. 20. 22. 83 Anm. 25.
Minderjährigkeit, Einrede 579.
Mitte eines Monats 196.
Mittelalter, Entstehung des Wechsels 4.
Mitunterschrift einer Wechselerklärung 275.
—— als Aval 281.
—— Umfang ihrer Wirkung 554 Anmerk. 5.

Mitunterschrift einer Frau 93.
— einer andern Person zu einer Wechselerklärung 61.
— des Ehemanns, s. Ehefrau.
Modifikationen, s. Abändernde Vorschriften.
Modifizirtes Accept, s. Beschränktes.
Motive zu dem norddeutschen Bundesgesetz über die W.O. 17 Anm 9.
Münzbürger 8 Anm. 13.
Münzfuß, verschiedener am Begebungs- und Zahlungsorte 3.
— dessen Bezeichnung im Wechsel 181.
Münzsorte, deren Angabe im Wechsel 181.
— s. auch Geldsorte.

Nach Belieben 216.
„Nach einem Monat zahlen Sie" 214.
Nach Verfall, Zahlung 436.
Nach Wiedersicht, Eigenwechsel 642.
Nachforschungsprotest 397.
Nachfrage auf der Polizei 365.
Nach Gefallen 216.
Nachher eintretende Wechselfähigkeit 78.
Nachholung, s. Ergänzung.
Nachindossament, Indossament nach Verfall 338.
Nachindossant des rechtzeitig protestirten Wechsels 343.
— bedarf es zur Regreßnahme gegen denselben eines Protestes M. Z.? 460.
— nach einem falschen Indossamente 539.
Nachindossatar, Einrede, der Kläger sei nur ein solcher 566.
Nachklage 611.
Nachlaß, Einrede 577.
Nachmann 73.
Nachmänner, Haftung des Indossanten gegen dieselben 322.
— deren Recht an die M.A. bestellte Sicherheit 409.
Nachsichtwechsel, s. Zeitsichtwechsel.
Nach-Tage 368 Anm. 9.
Nachträgliche Einsetzung der Wechselsumme in den Wechsel 184.
— Bezeichnung des Remittenten 189.
— Einfügung des Datums 198.
— Aenderung oder Ergänzung des Wechsels 210.
— Ergänzung des Wechsel-Inhalts 232.

Nachträgliche Ergänzung des Wechsel-Inhalts, s. auch Ergänzung.
— Acceptation 385.
Nachweis der Deckung kann der Nehmer des Wechsels nicht fordern 145.
— s. auch Beweis.
Namen des Ausstellers 192.
— s. auch Familiennamen.
— s. auch Unterschrift.
Namens-Unterschrift als Accept 370.
Neben-Adresse 246 Anm. 1.
Nebenforderungen 557.
Nebenpersonen im Wechselgeschäft 76.
Nebenplätze, Wechsel auf solche, Gebrauch der Kopie 274.
— Ablehnung der Protestverbindlichkeit auf solche 466.
Negoziabilität des Wechsels 292. 297.
Nehmer des Wechsels 72.
— eines falschen Indossamentes 539.
— des Eigenwechsels 630 Anm. 11.
Neuer Styl, s. Styl.
— Wechsel durch Prolongation 516.
— Wechsel für einen abhanden gekommenen 552.
Nichtacceptables Papier 65.
Nicht an Ordre 298.
Nichtbezogener, dessen Accept 138. 372.
Nichterscheinen im gerichtlich anberaumten Termin 596.
Richtigkeit, s. Ungiltigkeit.
Niederlassungen, kaufmännische, im Mittelalter 4 Anm. 1.
Niederlegung, s. Deponirung.
Niederschreiben der Wechselerklärung 60.
Nöthigenfalls für Rechnung N. 101.
— für meine Rechnung 161.
Norddeutscher Bund, s. Bundesgesetz.
Norddeutsches Bundesrecht als gemeines Recht 26.
Notar, Protest in der Wohnung desselben 364.
— hat der zur Protesterhebung beauftragte eine angebotene Zahlung zu empfangen? 471.
Notariatsurkunde, s. Beglaubigung, s. Protest.
Rothadressant 75.
Rothadressat 75.
— s. auch Ehrenzahler.

Nothadresse 75. 246.
—— unechte 161.
—— auf den Depositar der Prima, Durchstrich derselben 267.
—— auf der Kopie 275.
—— Präsentation zur Annahme bei derselben 382.
—— Rang unter mehreren 412.
—— Uebergebung einer solchen 405.
—— bei Unsicherheit des Acceptanten anzugeben 119.
—— Präsentation zur Zahlung bei derselben 427. 418.
—— auf einen andern Ort als den Zahlungsort 416 Anm. 14.
—— Protest M. Z. bei derselben, dessen Nothwendigkeit 160.
—— auf ausländischen Ort, maßgebende Gesetze 36 Anm. 25.
—— Protestfrist 181.
—— auf Eigenwechseln 638.
Nothwendigkeit einer mit dem Wechsel vorzunehmenden Handlung, nach welchen Orts-Gesetzen zu beurtheilen? 36.
Notification des Protestes M. Z. 482.
—— Nothwendigkeit derselben bei einem vom Inland auf das Ausland gezogenen Wechsel 37 Anm. 25.
—— in das Ausland, maßgebende Gesetze 37 Anm. 25.
—— des Protestes M. A. 409.
—— Beweis derselben 492.
—— bei Protesterlaß 468.
Notifikationssystem 483 Anm. 1.
Notiren des Protestes 401.
Novation durch Wechsel 107.
—— durch Accept 135.
—— Einrede 581 Anm. 15.
—— durch Eigenwechsel 639.
—— bei mangelnder Wechselfähigkeit 80 Anm. 11.
Novellen, Nürnberger zur W. O., Geschichte 16.
—— Einführungsgesetze zu denselben, Uebersicht 21 Anm. 10.
—— als gemeinsames deutsches Recht 26.
Nürnberg als Wechselplatz im Mittelalter 9.
—— Aufzeichnungen des Wechselrechts das. 10.
Nürnberger Konferenz 16.
—— Novellen, s. Novellen.

Oberhandelsgericht des Norddeutschen Bundes 601 Anm. 68.
Object, s. Gegenstand.
Objective Wechselfähigkeit 77 Anm. 1.
Obligationenrecht, das Wechselrecht als Theil desselben 1.
Obligo, dessen Uebernahme durch den Wechselverkäufer, Einfluß auf die Protestpflicht 167 Anm. 5.
Ober Werth als Zusatz bei Angabe der Wechselsumme im Wechsel 181 Anm. 13.
Destreich, ältere Gesetzgebung 11 Anmerk. 18.
—— Wechselordnung 15 f.
Offenes Indossament, s. Blankoind.
Offert der Zahlung, Einrede 569 Anmerk. 22.
Offizier, minderjähriger 62 Anm. 21.
Ohne Abtretung 298.
—— Bericht 151.
—— Gewährleistung 330.
—— Kosten 466.
Ohne Obligo 330.
—— als Zusatz bei der Unterschrift des Trassanten 193.
—— als Klausel im Indossament 299 Anm. 9.
—— Präjudiz 521 Anm. 3.
—— Protest 466.
—— Weiterbegebung 298.
Ordentlicher Prozeß 569.
Ordre, Stellung des Wechsels an solche 186.
—— Ihrer Selbst 310.
—— von mir selbst, bei mehreren Ausstellern 302.
Ordregeber 71.
Ordrewechsel 297.
Ort der Ausstellung, s. Ausstellungsort.
—— der Nothadresse 248.
—— der Präsentation zur Annahme 381.
—— der Präsentation zur Zahlung 127.
—— (geographischer) der Protesterhebung M. Z. 477.
—— der Protesterhebung, Angabe in der Protesturkunde 396. 398.
—— des Protestes M. Z. eines Eigenwechsels 644.
—— der Protestaufnahme, s. auch Protest-Ort.
—— maßgebender für den Kurs bei der Regreßnahme M. Z. 198.
—— der Zahlung, s. Zahlungsort.
Ortsangabe bei der Adresse des Bezogenen 200.

Ortsbestimmungen 361.
—— bei dem Eigenwechsel 635.
Ortsdatum des Wechsels 195.
—— unrichtiges 197.
Ortsgesetze bezüglich der Regreß-Ansprüche des protestirenden Wechsel-Inhabers 196 Anm. 11.
Ortsrechte, s. Collision.
Ortsrichtigkeit 362.
Ortsverschiedenheit bei dem eigentrassirten Wechsel 163.
O. W. Durchstrich dieser Buchstaben, Einrede 569 Anm. 20.
Ostern, als Bezeichnung der Zahlungszeit 219 Anm. 21.

Papier, Frankfurter u. s. f. 3 Anm. 7.
—— s. auch Werthpapiere, Wechselpapiere.
Papiergeld als Wechselzahlung 132.
—— ist der Wechsel nicht 50.
Papiergeld-Theorie 12.
Partikularaccept 373.
Partikulares Recht 26.
Partikulargesetze, s. landesgesetzliche Vorschriften.
Partikulargesetzgebung im 18. Jahrhundert 11.
Passive Wechselfähigkeit, s. Wechselfähigkeit.
Passivlegitimation im Prozeß 593.
Per aval 277.
Perfection des Acceptes 137.
—— s. auch Abschluß.
Perquisitionsprotest 264. 266. 397.
Persönliche Haftbarkeit des Bevollmächtigten 102.
Personalhaft 605.
Personen, welche an einem Wechsel betheiligt sind 70.
—— juristische, s. Juristische Personen.
Pfandbestellung bei Wechseln 287.
—— s. auch Sicherstellung.
Pfandgläubiger, zur Protesterhebung M. Z. verpflichtet 165.
—— Einrede, Kläger sei nur ein solcher 564 Anm. 11.
Pfandverschreibung im Eigenwechsel 629 Anm. 10.
Pfandwechsel 287.
Pfingsten als Bezeichnung der Zahlungszeit 219 Anm. 21.
Pflegschaft, s. Vormundschaft.
Platzgebräuche 26 Anm. 16.
Platzprotest 397.

Platzrechte 26 Anm. 16.
Platzwechsel 202.
—— trassirt-eigener 164 Anm. 5.
Polen 28 Anm. 1.
Polizeibehörde, Nachfrage bei derselben behufs der Protestaufnahme 365. 398.
Portugal 28 Anm. 1.
Postattest zum Beweis der Notifikation 458.
Postdatiren 197 Anm. 82.
Posten, einzelne der Klage 594.
Präcisewechsel 218.
Präjudizirter Wechsel 521.
—— Einlösung desselben 511. 522.
—— dessen Einlösung durch den Ehrenzahler 449 Anm. 20.
—— dessen Indossirung 339. 346.
—— Protestfrist 451.
—— Ansprüche aus demselben 621.
Präjudizirung, deren Einfluß auf den Regreß M. A. 410.
—— Verschuldung derselben 521 Anmerk. 4.
Präsentant 74.
—— zur Annahme 377. 380.
—— zur Zahlung 425.
—— ·   ·   dessen Legitimation 434.
—— dessen Regreßanspruch M. Z. 495.
Präsentat zur Zahlung 426.
Präsentation, Ort derselben 362.
—— zur Annahme des Sichtwechsels 237.
—— des Zeitsichtwechsels 240.
—— des domizilirt-eigenen Wechsels 644.
—— des befristeten eigentrassirten Wechsels zur Datirung des Acceptes 166.
—— zur Annahme des Zeitsichtwechsels, Nachholung derselben 245.
—— des Domizilwechsels zur Annahme 173. 174.
—— des Duplikates zur Annahme 263.
—— deren Beurkundung in dem Protest 395.
—— zur Zahlung 428.
—— des Domizilwechsels 175.
—— bei dem Ehrenacceptanten, Frist 414.
—— bei der vom Trassanten beigefügten Zahlungs-Adresse eines nicht domizilirten Wechsels 426.
—— bei mehreren Bezogenen 427.
—— Verzug des Wechselschuldners dadurch begründet 424 Anm. 1.

Präsentation Beweislast bei Protesterlaß 467.
— bei Nothadressen und Ehrenacceptanten 416.
— deren Beweis durch Protest 482 Anm. 16.
— ist sie Voraussetzung der Klage? 557 Anm. 12. 594.
— des Eigenwechsels 646.
— Folgen der Unterlassung 646 Anm. 6.
— des eigenen Zeitsichtwechsels 642.
Präsentationsfrist des Sichtwechsels 238.
Präsentationsort, s. Ort.
Präsumtion, daß dem Ausdruck der Willen entspreche 60.
— des Einverständnisses bei Ausfüllung leergelassener Stellen im Wechselformular 211.
Praxis der Gerichte, ist sie Rechtsquelle? 27.
Preis des Wechsels 154.
Preußen, ältere Wechselordnungen 11 Anm. 18.
— seine Thätigkeit für die gemeinsame deutsche Wechselgesetzgebung 14.
Prima 255.
— Bezeichnung des Wechsels als solche 180.
— nicht seiend 253.
— zur Acceptation bei N. 254.
— zur Verfallzeit bei N. 254.
— präjudizirt 522.
Primo 196. 218.
Privatrecht, deutsches, demselben gehört das Wechselrecht an 1.
Privatschuld des Gesellschafters, Einrede 580.
Prodigus, s. Verschwender.
Proformawechsel 542.
Prokura-Indossament 333.
— liegt ein solches im Blanko-Giro? 330.
— Einrede, daß den Kläger legitimirende sei nur ein solches 566.
— als Prozeß-Vollmacht 593.
Prokuraindossatar, zur Protesterhebung N. Z. verpflichtet 465.
— dessen Verpflichtung zur Notifikation 484.
Prolongation, deren Bedeutung für die Protestfrist 481.
— 514.
— ohne Einfluß auf Verjährung 524 Anm. 3.
— des Eigenwechsels 644 Anm. 1.

Propre-Wechsel 70.
Protest, dessen Bedeutung im Allgemeinen 386.
— bei dem eigentrassirten Wechsel 166
— dessen Bedeutung für die Legitimation zur Regreßnahme bei Blanko-Indossamenten 350.
— nach welchen Ortsgesetzen zu beurtheilen? 35.
— ausländischer, Beweis seiner Form-Richtigkeit 38.
— Erfordernisse 391.
— ausländischer 402. 36. 38 Anm. 29.
— Mangel richtiger Abschrift des Wechsels in der Protesturkunde 391. 402 Anm. 11.
— Bezeichnung der durchstrichenen Indossamente in der Wechselabschrift 354.
— Wechselabschrift bei mehrern Wechseln 469 Anm. 1.
— Unterschrift des Notars oder Beamten 401.
— Siegel 401.
— Datum, Korrektur 403.
— Bezeichnung des Auftraggebers 470 Anm. 6.
— Ausfertigung, Zeit derselben 401.
— Person des Auftraggebers, Legitimation zur Sache 593.
— Erwähnung der Intervention 402.
— gegen den Avalisten 281.
— bei domizilirtem Accept 171 Anm. 10.
— des Domizilwechsels zu Geltendmachung des Wechselrechts gegen den Acceptanten 175.
— nicht erforderlich zu Verfolgung des Acceptanten eines unbestimmt domizilirten Wechsels 176.
— bei dem Wechselgläubiger selbst 177.
— bei der vom Bezogenen im Accept angegebenen Zahlungsadresse eines nicht domizilirten Wechsels 376.
— dessen Nothwendigkeit bei dem Domizilwechsel 177.
— mangelhafter, dessen Rechtswirkung 402.
— des Eigenwechsels 635. 644.
— im Konkurs 615.
— als Voraussetzung des Klagrechts 557.
— Mangels Annahme 403.

Sachregister.

Protest, bei dem Intervenienten 454.
— des Zeitsichtwechsels 241. 404.
— wegen nicht datirten Acceptes des Zeitsichtwechsels 244.
— eines Domizilwechsels 401.
— der Sekunda 266.
— bei Nothadressen 404.
— Reihenfolge derselben 412.
— Erlaß desselben 469.
— vom Bezogenen bei sich selbst 404.
— zu Legitimation des Regreßnehmers 408.
— Aufschub 404.
— gegen Sicherheitsleistung auszufolgen 409.
— wegen Nichtauslieferung eines Duplikates 266.
— wegen Nicht-Auslieferung des Originalwechsels 272.
— bei Unsicherheit des Acceptanten 418.
— M. Z. gegenüber dem Acceptanten 461.
— M. Zahlung Nothwendigkeit eines solchen 457.
— wird nicht durch Protest M. A. überflüssig 125. 460.
— Anerbieten einer Theilzahlung nach dessen Aufnahme 433.
— bei Nothadressen und Ehrenacceptanten 250. 446.
— bei mehreren Nothadressen, Reihenfolge 453.
— bei dem Intervenienten 454.
— dessen Auslieferung an den Ehrenzahler 448.
— für den Regreß des Ehrenzahlers wesentlich 505.
— dessen Ordnungsmäßigkeit nach dem protestirten Duplikat zu beurtheilen 268.
— bei Acceptation auf spätere Zeit 424.
— eines nach Ablauf der Protestfrist indossirten Wechsels 340.
— bei beschränktem Accept 377.
— Aufnahme desselben 469.
— Tageszeit der Aufnahme 472.
— vor Verfall 479 Anm. 2.
— Benachrichtigung von demselben, s. Notifikation.
— Vorlegung zu Begründung des Regresses M. Z. 491.
— dessen Wirkung bei Prolongation des Wechsels 517.
— Versäumung desselben, s. Präjudizirter Wechsel.

Protest des Eigenwechsels 644.
— bei dem Domiziliaten des Eigenwechsels 640.
— des eigenen Zeitsichtwechsels 643.
Protestat 395.
Protestationsklausel 402.
Protesterhebung als Pflicht des Prokura-Indossatars 335 Anm. 9.
— Zeitpunkt derselben, Beweislast bei dem Nach-Indossament 346.
— deren Zeitpunkt für die Legitimation maßgebend 357 Anm. 31.
— durch den Anwalt 593.
Protestlaß 165.
— bei dem Domizilwechsel 177 Anm. 27. 465 Anm. 26.
— Einfluß auf die Notifikationsfrist 486.
— liegt ein solcher in der Prolongation? 516 Anm. 14.
— bei präjudizirtem Wechsel 523.
Protestfrist 478.
— bei Accept auf eine spätere Zeit 377.
— Zahlung innerhalb derselben 437.
— für die Deponirung maßgebend 442.
— bei Prolongation 516 Anm. 14.
— verstrichene, wegen zu später Indossirung 521 Anm. 4.
Protestirter Wechsel, dessen Indossirung, s. Indossament nach Verfall.
— Protest desselben 341.
Protestkosten des M. A. protestirten und nicht zuvor zur Datirung der Acceptation präsentirten Zeitsichtwechsels 241 Anm. 21.
— Haftung des Acceptanten für dieselben 465.
— vom Wechselschuldner zu vergüten 558.
— dem Wechsel-Inhaber zu ersetzen 497.
— vom Ehrenacceptanten zu ersetzen 413.
— bei dem Eigenwechsel 646.
Protestort bei Uebersiedlung des Bezogenen 477.
— bei limitirtem Accept 477.
— Lokal 473.
— s. auch Ort.
Protestregister, Obliegenheit des Eintrags der Proteste in dasselbe 390.
— Duplikate aus demselben 388.
Proteststunden 400.

Protesttag, letzter 179 f.
— s. auch Protestfrist.
Protesturkunde 349. Bezeichnung der Person, für und gegen welche Protest erhoben wird 394.
Protokoll über die Proteste, s. Protestregister.
Provision, Anspruch auf dieselbe 559.
— Verbindlichkeit des Acceptanten 140.
— in der Valuta enthalten 154.
— von dem zahlenden Intervenienten an den Ehrenacceptanten zu leisten 114.
— in der Deckung begriffen 145.
— hat der zahlende Bezogene nicht anzusprechen 133.
— bei Protesterlaß 468 Anm. 14.
— des protestirenden Wechsel-Inhabers 497.
— des regreßnehmenden Indossanten 502.
— gleichbedeutend mit Deckung 145.
Prox. 219 Anm. 25.
Prozeß, nach welchen Ortsgesetzen zu beurtheilen? 37.
— s. Wechselprozeß.
Prozeßkosten vom Wechselschuldner zu vergüten 559.
Prozeßlegitimation 593.
Prozeßordnung des norddeutschen Bundes 27 Anm. 21.
Prozeßvollmacht, s. Vollmacht.
Prüfung der Echtheit und Identität, s. Echtheit, s. Identität.
Publikation der W. O. und Novellen als Bundesgesetz 17.

Qualifizirtes Indossament 306. 333 Anm. 1.
Quellen des deutschen Wechselrechts 13.
Quittung des Zahlungsempfängers 435.
— für eine Theilzahlung 435.
— durchstrichene, begründet keine Einwendung gegen die Klage 435 Anm. 28.
— Zahlung an den Ueberbringer einer solchen 360.
— legitimirt sie zur Protesterhebung? 470.
— zu Legitimation eines früheren Indossanten 356.
— welche den einlösenden Indossanten zur Regreßnahme legitimirt 501 Anm. 2.

Quittung legitimirt den einlösenden Indossanten zur Weiterbegebung 512 Anm. 10.
— kann nicht als Blanko-Indossament dienen 324 Anm. 3. 329.
— über die Valuta 155.
— in dem Valutabekenntniß 155.
Quittungsvermerk, durchstrichener 179 Anm. 1.
— nicht als Aval aufzufassen 282.

Rasuren 231.
— in Angabe der Zahlungszeit 221.
— Einrede der Fälschung aus denselben 539 Anm. 27.
Raten der Wechselsumme 194.
Ratenaccept 375.
Ratenwechsel 216.
Realer Wechsel 70.
Realsicherheit für einen Wechsel 282.
Rechnung, für wessen Rechnung gilt die Tratte gezogen? 144.
Rechnungswährung 431.
Recht auf den Wechsel, s. Herausgabe.
— zu acceptiren 136.
Rechtliches Wesen, s. Wesen.
Rechtsanwalt, s. Anwalt.
Rechtsirrthum, s. Irrthum.
Rechtskraft des Urtheils 605.
Rechtskräftig entschiedene Sache, Einrede 578.
Rechtsmittel 601.
Rechtsnachfolger des Wechselschuldners 554.
Rechtsprechung, s. Praxis.
Rechtsverbindlichkeit, welche dem Wechsel zu Grunde liegt, s. Unterliegende Verhältnisse 106.
Rechtsvermuthung, s. Vermuthung.
Rechtswohltaten der Frau, s. Intercession.
Recognition, s. Anerkenntniß.
Reconvention, s. Nachklage.
Recta-Indossament 299.
— und Ordre-Indossamente durcheinander 301.
Recta-Indossant als Regreßschuldner N. 3. 504.
Rectawechsel 298.
Rectaklausel im Eigenwechsel 635.
Register der Proteste, s. Protestregister.
Regredient, s. Regreß.
Regreß Mangels Annahme 405.
— des Inhabers der Prima 265.

Regreß, dessen Verlust bei versäumter Präsentation eines Domizilwechsels zur Annahme 173.
—— Anspruch 490.
—— des Ehrenzahlers an die Honoraten 444.
—— des letzten Wechsel-Inhabers 495.
—— Ansprüche des Indossanten 500.
—— gegen die Indossanten des Eigenwechsels 635.
—— aus dem Domizilwechsel 175.
—— des Inhabers der Sekunda 265. 267.
—— auf Grund eines Duplikates, Reihenfolge 268.
—— bei Prolongation des Wechsels 517.
—— des Rückwechsels 509.
—— Zinsen 558.
—— bei Nichtauslieferung des Duplikates 265.
—— an den Trassanten aus einem Wechsel für fremde Rechnung 160 Anm. 7.
—— des Avalisten 281.
—— eines zahlenden Mitausstellers des Eigenwechsels 617.
—— per saltum, s. Springender R.
Regreßberechtigter M. A. 407.
Regreßforderung, Verjährung 525.
Regreßgläubiger M. B. 490.
Regreßklage, Gerichtsstand 591.
Regreßnahme wegen Unsicherheit des Acceptanten 419.
Regreßschuldner 71. 76. 490.
—— Zahlungserbieten desselben 570.
—— des protestirenden Wechsel-Inhabers 500.
Regreßsumme 490.
—— welche der einlösende Indossant fordert 501.
Regressus per saltum 405 Anm. 13.
Regreßverbindlichkeit des Trassanten 130.
—— des Trassanten für fremde Rechnung 145.
Regreßzahlung bei dem Schuldner abzuholen 491 Anm. 11.
—— freiwillige 510.
Reichsabschied 10 Anm. 16.
Reichsgesetze, ältere deutsche 26 Anm. 15.
Reichsgutachten 10 Anm. 16.
Reichsversammlung, s. Deutsche.

Reihenfolge der Regreßnahmen M. B. 492.
Reihenregreß M. A. 408.
Reiner Diskonto 518 Anm. 1.
Reines Accept 374 Anm. 3.
—— Ehrenaccept 411.
Remittent 72. 289.
—— seine Obliegenheiten 73.
—— dessen Bezeichnung im Wechsel 185.
—— dessen Bezeichnung im Eigenwechsel 630.
—— dessen Vertragsverhältniß zu Trassanten und Bezogenen 291.
—— des Rückwechsels 508.
—— Uebergabe des Avisbriefs an ihn 151.
—— dessen Legitimation als Wechselgläubiger 348.
Remittiren, s. Rimesse.
—— s. Zurücksenden.
Repliken 598.
—— Beweislast 598.
Requisite, s. Erfordernisse.
Resolutivbedingung, s. Bedingung.
Respekttage 368. 123.
Respittage, s. Respekttage.
Retentionsrecht, s. Zurückbehaltungsrecht 88.
Retourrechnung 505.
—— Belege derselben 591.
—— Beweislast 599.
Retourspesen, s. Kosten.
Retourwechsel, s. Rückwechsel.
Retrassant 508.
Retrassat 509.
Reuß, Gesetz über Anweisungen 23 Anm. 10.
Revalirungsklage 144 Anm. 9.
Ricambio, s. Rückwechsel.
Richterliche Beachtung der Mängel eines Wechsels 235.
—— Prüfung des Protestes 399.
—— Verfügung auf Uebertragung eines Wechsels 296.
Ricorswechsel, s. Rückwechsel.
Rimesse 3. 72.
Riß im Wechselpapier 234.
Ritratte, s. Rückwechsel.
Römisches Recht, Versuche, dasselbe zur Grundlage des Wechselrechts zu nehmen 12.
Rom 28 Anm. 1.
Rückforderung der vom Domiziliaten geleisteten Zahlung findet auf

Grund des Mangels der Deckung nicht statt 175 Anm. 21.
Rückseite des Wechsels, kann sie den Domizilvermerk enthalten? 167.
—— Accept auf derselben 371.
—— Einschränkung des Acceptes auf derselben 377.
Rückwechsel 507.
—— dessen Kosten dem protestirenden Wechsel-Inhaber zu vergüten 497.
—— des regreßnehmenden Indossanten, Kosten desselben 503.
—— legitimirt er zu Einklagung des Hauptwechsels? 593.
Russische Gesetzgebung 29 Anm. 1.

Sachlegitimation 591.
Sachsen, Gesetze, welche hier in Betreff der W. O. noch in Kraft bleiben 23 Anm. 10.
Sachsen-Altenburg, s. Altenburg.
Sächsisches Gesetz über Anweisungen 66 Anm. 9.
—— Marktrescript 10 Anm. 16.
Schadenersatz wegen Unterlassung der Notifikation 487.
—— Anspruch des Regreßnehmers 490.
Schadensklage, s. Bereicherungsklage.
Scheinwechsel 542.
Schlaftrunkenheit 85.
Schlechtes Papier 77 Anm. 4.
Schluß, s. Wechselschluß.
Schlußzettel, Giro auf demselben 294.
Schreibensunfähige, s. Handzeichen.
Schreibensunkunde 56. 229.
—— macht die Beglaubigung der Wechselerklärung nöthig 62.
Schreiber und Geber der Wechselerklärung 126.
Schreibfehler im Protest, s. Mangelhafter.
Schuld durch Accept getilgt 146.
Schuldforderung neben der Wechselforderung 109.
Schuldgrund im Valutenverhältniß 156.
Schuldhaft, s. Personalhaft.
Schuldschein, kann als solcher eine als Wechsel ungiltige Urkunde gelten? 79.
—— der Eigenwechsel als solcher 647.
Schuldverschreibung nach Wechselrecht 160.

Schweizer W. O. 29 Anm. 1.
Schweden 15 Anm. 1. 29 Anm. 1.
Schweizer W. O. 15 Anm. 4.
Sekunda 253.
—— mit einer solchen braucht sich der Wechselnehmer nicht zu begnügen 118.
—— Bezeichnung des Wechsels als solche 180.
Sekuritätsprotest ersetzt nicht den Protest M. 3. 160.
Separatum, s. Verweisung zu besonderem Verfahren.
Serbien 25 Anm. 1.
Sicherheit, Einrede, der Wechsel sei nur hiefür gegeben 564.
—— Bestellung nach Einleitung des Amortisationsverfahrens 550.
Sicherheitsregreß bei Unsicherheit des Acceptanten 415.
—— bei Unsicherheit des Ausstellers eines Eigenwechsels 635.
—— s. auch Regreß M. A.
Sicherheitswechsel 586.
Sicherstellung M. Annahme 105. 406. 407.
—— des Klaganspruchs 595.
—— dem Kläger auferlegt 597.
Sicht des Zeitsichtwechsels 240.
—— des eigenen Zeitsichtwechsels 642.
Sichttage 365 Anm. 9.
Sichtwechsel 235.
—— Verpflichtung des Wechselgebers, einen solchen zu liefern 118.
—— Verfallzeit desselben 421.
—— mit Accept auf spätere Zeit, Protestfrist 480.
—— dessen Kurs für den Regreßnehmer des protestirenden Wechsel-Inhabers maßgebend 498.
—— Verjährung 525.
—— eigener 641.
Simulation, Einrede 563.
Simulirter Wechsel 542.
Sistirung der Klage, in Betreff der Verjährung 530 Anm. 30.
—— der Exekution 611.
Sitte, s. Gewohnheiten.
Sitz, s. Domizil.
Skontration 132.
Socialschuld 94 Anm. 60.
Sofortige Präsentation zur Annahme 379.
Solawechsel 70.
—— s. übrigens Eigenwechsel.
Solidarische Verbindlichkeit der Wechselschuldner 76. 554.

Solidarische Verbindlichkeit der mitunterzeichneten Frau 94 Anm. 60.
Solidarität der Wechselverpflichteten 56.
Solidarverbindlichkeit des Avalisten 276.
Sondergut der Ehefrau, Wechselverbindlichkeiten in Betreff desselben 90.
Sonntag 366.
— dessen Einfluß auf den Zahlungstag 422.
Sorte s. Geldsorten.
S. P. 413.
Stundung 514.
Sopra protesto 162.
Sorgfalt des Regreßnehmers, besteht in ihrer Beurkundung das Wesen des Protestes? 389.
Spaccio 150.
Spätere Zeit, Acceptation auf solche 375.
Spanien 28 Anm. 1.
Spesen, s. auch Kosten.
Spezifikation der Ansprüche in der Klage 594.
Sprache, fremde des Wechsels 180. 213.
— fremde, in welcher der Name des Remittenten ausgedrückt ist 185.
— in welcher die Unterschrift des Ausstellers erfolgt 193.
Sprachunkunde 87.
Springender Regreß 408. 492.
Staatsgewalt, deren Gesetzgebung: s. Gesetzgebung.
Stadien des Wechselgeschäfts 49.
Stand, s. Bürgerliche Stellung.
Stattgeben der Klage 597.
Stellen ihn auf Rechnung 144 Anm. 6. 149. 150. 25.
Stellvertretung 98.
— beim Indossament 309. 546.
— bei der Acceptation 371.
Stellung der einzelnen Bestandtheile des Wechsels auf dem Wechselpapier 209.
Stempel 205. 648.
— Obliegenheit des protestirenden Notars in Betreff desselben 478.
— s. auch Auslagen.
Stempelmarke, Unterschrift des Trassanten auf derselben 191 Anm. 51.
Stempelsteuergesetz des Norddeutschen Bundes 648.

Stenographirte Unterschrift 193 Anm. 65.
Stipulation, Aehnlichkeit mit dem Wechsel 53 Anm. 13.
Stracks auf Sicht 237.
Strafe, deren Einfluß auf die Wechselfähigkeit 97.
Straße, Angabe derselben in der Adresse des Bezogenen 200.
— deren Angabe ohne die Benennung der Stadt 201.
Streichung, s. Durchstrich.
Streitverkündigung 597.
— als Unterbrechung der Verjährung 528 Anm. 23. 531.
— des Acceptanten eines abhandengekommenen Wechsels an den Verlierer 551.
Strenge, s. Wechselstrenge.
Stumme 88.
Stunde der Präsentation oder Protesterhebung 368.
— s. auch Tagesstunde.
Stundung s. Borgfrist.
Styl, alter und neuer 222. 422.
Stylus mercantilis 10 Anm. 16.
Subjecte, s. Personen.
Subjective Wechselfähigkeit 77 Anm. 1.
Substitution im Proceß 593.
Substitutionsbevollmächtigte 103.
Subsumtion der Thatsachen unter die Rechtssätze 27.
Süddeutsche Staaten 26.
— Stellung zu dem norddeutschen Wechselrecht 17.
— Staaten 26.
Summe, deren Bestimmtheit im Wechsel 181.
— deren Wiederholung im Accept 371.
— größere im Accept, als in der Tratte 375.
— des Klaganspruchs, s. Klagsumme.
Summenversprechen 55 Anm. 21.
— des Trassanten 129 Anm. 1.
— das Accept als solches 134.
Suspensivbedingung, s. Bedingung.
— im Eigenwechsel 627 Anm. 1.
System des Wechselrechts 2.

Tag, s. Datum.
Tagesstunde, deren Angabe im Protest 400.
Tageszeit 368.

Wächter, Wechselrecht.   44

Tagwechsel 218.
— Verfallzeit desselben 120.
Taube 66.
Taubstumme 86.
Tausch, ist der Wechsel ein solcher? 50.
Termin zu Verhandlung der Klage 696.
Tertia 253.
Testamentsexecutor, dessen Befugniß 92 Anm. 1.
Thatsachen, in der Klage anzuführende 594.
Theilaccept 373.
— Regreß M. A. 405.
Theilindossament 313.
Theilung, Einrede derselben steht dem Avalisten nicht zu 276 Anm. 6.
Theilzahlung 433.
— s. auch Zahlung.
Theorie des Wechsels 49.
Tilgung der Wechselschuld 560.
— s. auch Befreiung, Zahlung.
Tod des Wechselinhabers 426.
— des Prokura-Indossanten 338.
— des Wechselschuldners 127.
— des Präsentaten, Protestort 365.
— des Protestaten 472.
Todter Wechsel 628.
Trassant 71.
— dessen Wechselfähigkeit ohne Einfluß auf die übrigen Unterschriften 80.
— Inhalt seines Versprechens 52 Anm. 7. 128. 129.
— dessen Obliegenheiten 71.
— garantirt die Acceptation 378.
— kann er ohne Obligo trassiren? 331.
— dessen Anspruch an den Acceptanten 141. 555.
— für fremde Rechnung Deckungspflicht 144.
— ist er verpflichtet, zu avisiren? 151.
— Kontreordre desselben 578.
— als Notadressat 218.
— dessen Unterschrift, s. Unterschrift.
— Regreß M. A. gegen denselben von einem Indossanten 504.
— Einlösung des Wechsels durch ihn, Wirkung 513.
— Haftung desselben bei verfälschter Tratte 540.
— eines abhanden gekommenen Wechsels 552.
— Bereicherungsklage gegen denselben 621.

Trassat 72.
— s. auch Bezogener.
Trassiren auf jemanden darf man nur mit dessen Zustimmung 118.
— auf Deckung, auf baare Fonds, auf Schuld, auf Kredit 149.
— für fremde Rechnung 160.
Trassirt-eigener, s. Eigentrassirter.
Trassirung vom Ehemann auf seine Frau 80 Anm. 51.
Tratte im Gegensatz zum Eigenwechsel 69.
— Bezeichnung des Wechsels als solche 179.
— von der Hand, Verpflichtung des Wechselgebers, eine solche zu liefern 117.
— deren Erfordernisse, s. Erfordernisse.
Treu und Glauben 562.
Trinitatis als Bezeichnung der Zahlungszeit 219 Anm. 21.
Trockener Wechsel 628.
Trunkenheit 55. 579 Anm. 11.

Ueberbringen muß der Bezogene die Zahlung nicht 362.
Ueberfülle des Wechsels 234.
Ueberklebte Indossamente 360.
Ueberschreitung der Vollmacht 101.
— des Auftrags des Trassanten von Seiten des Bezogenen 148.
Uebertragbarkeit 296.
Uebertragung von Seiten eines Wechselunfähigen 81.
— eines Wechsels ohne Wechselversprechen 125.
— des Wechsels 291.
— eines Wechsels durch richterliche Verfügung 296.
— eines Blankoindossamentes ohne neues Giro 325.
Ultimo 196.
Umwandlung eines Schuldverhältnisses in ein Wechselverhältniß 127.
Unbestimmt domizilirter Wechsel 169.
— domizilirter Eigenwechsel 610.
— s. auch Domizilwechsel.
Undeutliche Jahreszahl in der Angabe der Verfallzeit 220.
Unechte Notadresse 161. 248.
Unechter Wechsel 629 Anm. 5. 638.
— eigen trassirter Wechsel 165.
Uneigentlicher Wechsel 628.
Uneigentliches Indossament 306.

Unerlaubte Vereine 88 Anm. 16.
Unfähigkeit, s. Wechsel-Unfähigkeit.
Unförmliche Wechsel 202 Anm. 98. 227. 628.
Ungarische Gesetzgebung 29 Anm. 1.
Ungarn 16.
Ungedrucktes Accept 134 Anm. 3.
Ungeschriebenes Wechselrecht im Mittelalter 10 Anm. 15.
Ungiltigkeit des unterliegenden Geschäftes, Einrede hieraus 113.
Unkosten, s. Kosten.
Unkunde des Schreibens 86.
—— der betreffenden Sprache 87.
Unleserlich gemachte Stellen im Wechsel 178.
Unleserliche Unterschrift 194.
Unleserlichkeit der Unterschrift des Ausstellers 231.
Unmögliche Angaben im Wechsel 230.
Unmögliches Datum 196.
Unmöglichkeit in Zeit- und Ortsdatum 197 Anm. 80.
—— s. auch Höhere Gewalt.
Unredlichkeit, s. Arglist.
Unrichtige Bezeichnung des Remittenten 184.
Unrichtigkeit des Datums 196.
—— in der Angabe des Bezogenen 199.
—— der Angaben im Wechsel 207. 229.
Unsicherheit des Acceptanten 415.
Unterbrechung der Reihe von Indossamenten, s. Lücke.
—— der Verjährung 529.
Unter Garantie für das mangelhafte Giro 359 Anm. 37.
—— Protest 387 Anm. 4.
Unterbrechung der Indossamente, s. Lücke.
Unterliegende Forderung von dem einlösenden Indossanten gegen seinen Vormann geltend zu machen 495.
Unterliegendes Rechtsgeschäft des Wechselunfähigen 79.
—— Unabhängigkeit des Wechselversprechens von demselben 52. 112.
—— dessen Bedeutung für den Wechsel 106.
—— bei dem Accept 134 Anm. 1.
—— bei der Kommissionstratte 160.
—— zwischen Geber und Nehmer 152.
—— bei dem Wechsel für fremde Rechnung 160.
—— bei einer Bürgschaftserklärung 284 Anm. 7.

Unterliegendes Rechtsgeschäft bei dem Indossamente 308. 317.
—— bei dem Eigenwechsel 639.
—— Einreden daraus 580.
Unterpfand, s. Pfand.
Unterschrift des Ausstellers auf dem Wechsel 190.
—— mit geführter Hand 191 Anm. 9.
—— Vollständigkeit derselben 192.
—— ohne bezüglichen Kontext 230.
—— als Accept 370.
—— des Ausstellers für den Domizilvermerk nicht nöthig 169 Anm. 8.
—— des Ausstellers im Eigenwechsel 630.
—— des Trassanten gefälscht 535.
—— deren Anerkenntniß im Termin 596. 601.
—— s. auch Zeichnung.
—— s. auch Mitunterschrift.
Unterschriften mehrere auf einem Wechsel, als ebensoviele Wechselerklärungen 60.
—— von Wechsel-Unfähigen neben solchen von Wechselfähigen auf demselben Papier 80.
Urkunde, der Wechsel als solche, Erforderniß 178.
—— als Belege der Klage 595.
—— als Beweismittel 599.
Ursprüngliches Schuldverhältniß, s. Unterliegendes.
Urtheil im Wechselprozeß 601.
Usancen 26 Anm. 14.
Usowechsel 226. 422 Anm. 3.

Väterliche Gewalt 95.
Valuta 152.
—— Art der Zahlung und Betrag 117.
—— für fremde Rechnung 161.
—— deren Erwähnung im Wechsel 205.
Valuta von N. 153 Anm. 5.
—— in übernommener Gewährleistung 284 Anm. 5.
—— in Bürgschaft 284 Anm. 7.
—— deren Ausbleiben, Einrede des Regreßschuldners 111.
—— Einrede des Nichtempfangs 582.
—— kann der Regreßnehmer m. Z. deren Rückgabe fordern? 500 Anm. 16.
Valutabekenntniß 154. 205.
Valutageber 72.
Valutaklausel, findet sich im Prokura-Indossamente nicht 334.
—— im Eigenwechsel 633.

Valutaverbindlichkeit aus Blanko-Indossamenten 329.
Valutazahler, statt des Remittenten genannt 187.
Valutenverhältniß, welches dem Wechsel zu Grunde liegt 112.
—— bei jeder Begebung neu 112.
—— zwischen dem Aussteller und dem Remittenten oder zwischen jenem und einem Dritten 153.
—— zwischen Indossanten und Indossatar 316.
—— bei dem Wechsel an eigene Ordre 303.
—— zwischen Indossanten und Indossatar 321.
Variationsrecht des Regreßnehmers 192 Anm. 18.
—— s. auch Springender Regreß.
Veränderung des Domizils des Bezogenen 202.
Veräußerung, s. Uebertragung.
Veräußerungsbefugniß, fehlende, deren Einfluß auf die Legitimation 358.
Veräußerungsfähigkeit, als Voraussetzung der Wirksamkeit einer Wechselübertragung 61.
Verantwortlichkeit für richtige Protestaufnahme 390.
Verbindlichkeit des Wechselnehmers 127.
—— zu acceptiren 135.
—— Einwand, eine solche sei nicht beabsichtigt worden 565.
—— s. auch Haftbarkeit.
Verbotene Vereine 88 Anm. 46.
Verbrechen, Einfluß auf die Wechselfähigkeit 97.
Verdiskontiren 519.
Vereine, deren Wechselfähigkeit 88.
Vereinigte Staaten von Nordamerika, s. Amerika.
Verfälschte Unterschrift 537.
—— Tratte 539.
Verfälschter Wechsel, s. Fälschung.
Verfalltag 214.
—— der Meßwechsel, s. Meßwechsel.
Verfallzeit 223. 420.
—— des Zeitsichtwechsels 242. 421.
—— Einfluß der Prolongation auf dieselbe 514 f.
Vergleich, Einrede desselben 585 Anm. 55.
Vergünstigungstage 368 Anm. 2.
Verhältnisse, unterliegende, s. Unterliegende.

Verhandelbarkeit des Wechsels 297.
Verheirathete Frau, s. Ehefrau.
Verjährung 523.
—— gegen den Acceptanten eines verlorenen Wechsels 551.
—— nach welchen Ortsgesetzen zu beurtheilen? 37.
—— der Wechselforderung gegen den seine Befugnisse überschreitenden Bevollmächtigten 102 Anm. 12.
—— des Anspruchs auf Deckung 146.
—— des Sichtwechsels 235 Anm. 11.
—— gegen den letzten Inhaber, Wirkung für die Vormänner 534 Anm. 50.
—— im Konkurs 616.
—— Einfluß der Prolongation auf dieselbe 516.
—— neue nach eingetretener Unterbrechung 533.
—— der Bereicherungsklage 626.
—— des Eigenwechsels 635. 644.
—— Einrede 578.
Verjährungssystem 183 Anm. 1.
Verlauf des Wechselgeschäfts, s. Wechselgeschäft.
Verlegung einer Messe 226.
—— eines Feiertages 368.
Verlierer, dessen Anspruch auf Herausgabe des Wechsels 546.
Verlorener Wechsel, s. Abhandenkommen.
Verlorengehen der Protesturkunde 478.
Vermuthung für das Geben und Nehmen des Wechsels 125.
—— der Deckung liegt nicht in der Acceptation 149.
—— s. auch Präsumtion.
Verpflichtung nach Wechselrecht 1 Anm. 1.
Verpflichtungsgrund im Wechsel nicht erforderlich 582 Anm. 48.
Verruf, eine in solchen gesetzlich erklärte Sorte als Wechselsumme mit dem Ausdruck „effectiv" bezeichnet 182.
Versäumniß einer Handlung, nach welchen Gesetzen zu beurtheilen? 37.
Verschwender 84.
Versendung des Avisbriefs 151.
—— zum Accept durch einen Kommissionär 162.
—— zur Acceptation, vom Wechselgeber übernommen 379.

Sachregister. 693

Versinnlichung der Tratte 59.
Versprechen des Acceptanten 134.
— zu acceptiren 135.
— des Trassanten, dessen Inhalt 52 Anm. 7.
— s. auch Wechselversprechen.
Versteurung, s. Stempel.
Vertrag über einen Wechsel 128.
— ein solcher liegt in der Begebung des Indossamentes 308.
— des Trassanten, s. Begebungsvertrag.
— s. auch Wechselvertrag.
Vertragswidrigkeit, Einrede 584.
Vertreter des Minderjährigen 83.
— einer Korporation 87.
— des Wechselausstellers, Zeichnung 191.
— s. auch Bevollmächtigter.
Vertretung, s. Stellvertretung.
Verwahrer des Duplikates 254.
— des Originalwechsels hat diesen dem Inhaber der Kopie auszuliefern 272.
— des zur Annahme versandten Wechsels als Verwahrer 380.
Verwaltung, vormundschaftliche, s. Vormundschaftliche.
— s. auch Vormundschaft.
Verweigerung, s. Weigerung.
Verweisung von Einreden zu besonderem Verfahren 597.
Verzicht auf Geltendmachung der Wechsel-Unfähigkeit 79.
Verzug des Wechselschuldners 438.
Verzugszinsen im Konkurs 616.
— s. auch Zinsen.
Vier Personen bei dem ursprünglichen Wechsel 44.
Vigilanz, s. Sorgfalt.
Vista, s. Sicht.
Volljährigkeit 81.
Vollmacht, mündlich ertheilte 98 Anm. 1.
— Nachweis derselben 104.
— zur Unterschrift für den Trassanten 191.
— Einwand, es habe nur eine solche unterschrieben werden wollen 565 Anm. 12.
— im Prozeß 593.
— s. auch Bevollmächtigter.
Vollmachtsindossament 333.
Vollständiges Indossament 333 Anm. 1.

Vollstreckung des wechselgerichtlichen Urtheils 605.
— s. auch Exekution.
Von der Hand, s. Tratte von der Hand.
Vor Verfall, Zahlung 435.
Vorausklage, Einrede derselben steht dem Avalisten nicht zu 276 Anm. 6.
Vorbereitender Vertrag, s. Wechsel-Vorvertrag.
Vordatirung des Wechsels 197.
Vorderseite des Wechsels, Indossament auf derselben 312.
Vor-Indossament, oder Nach-Indossament, Zweifel, welches vorliege 315.
Vorindossanten vor einem falschen Indossamente 539.
Vormann 73.
— Einreden aus der Person eines solchen 588.
Vormund, Ueberschreitung seiner Befugnisse 101.
Vormundschaft, Einrede 579 Anm. 41.
— s. auch Entmündigte.
Vormundschaftliche Genehmigung für den kaufmännischen Geschäftsbetrieb, nach Preußischem Recht 83 Anm. 25.
— Ermächtigung eines Minderjährigen zu Wechselgeschäften 82.
— Verwaltung als Wechselgläubigerin 77.
— als Remittent 186.
Vornamen des Remittenten nicht absolut erforderlich 185.
— des Bezogenen 199.
Vorstadt, deren Angabe statt Bezeichnung der Stadt 201 Anm. 96.
Vorzeigung, s. Präsentation.

Waare, der Wechsel als solche 111.
Waarenhändler, deren Betheiligung am Wechselverkehr nach Ausbildung des Indossamentes 7.
Waarenkommission 162.
Waarenschuld, deren Tilgung durch Wechsel 109.
Währung, s. Rechnungswährung.
Wahlrecht des Regreßnehmers 492.
Wahnsinn, s. Geisteskranke.
Waldeck, Gesetzgebung 23 Anm. 10.
Wallachei 28 Anm. 1.
Wandelungsregreß 408 Anm. 13.
Warum, des Wechsels 106.

Wechsel, ursprüngliche Bedeutung des Wortes 2.
— Bezeichnung der Urkunde als solcher 179.
— für fremde Rechnung 160.
— für fremde Rechnung, Avis 150.
— an eigene Ordre 301.
— Datirung des ersten Giro's statt eines Datums der Ausstellung 198.
— au porteur, s. Inhaberwechsel.
— Vorlegung desselben bei Geltendmachung des Regresses M. 3. 492.
Wechselabschrift in der ProtestUrkunde, Stelle derselben 394.
— s. auch Kopie.
Wechselarrest, s. Personalhaft.
Wechselbrief 2.
— Bezeichnung der Tratte als solcher 180.
Wechselduplikate, s. Duplikate.
Wechselerklärung 57.
— eines Wechsel-Unfähigen 79.
Wechselfähigkeit des Ausländers 31.
— nach welchen (Orts-) Gesetzen wird sie beurtheilt? 31.
— als Voraussetzung der Wirksamkeit eines Wechselversprechens 61.
— des Indossanten 308.
— aktive 76 Anm. 1.
— passive 76.
— des Beklagten, Nachweis 594.
— Mangel derselben, Einrede 579.
Wechselform, s. Form.
Wechselgeber, dessen Regreßverbindlichkeit M. 3. 489.
— s. auch Geber.
Wechselgerichtsordnung, s. Wechselprozeßordnung.
Wechselgeschäft, dasselbe nach seinem Verlauf 43.
Wechselgläubiger 555.
Wechselhaft, wenn nach den Gesetzen des Prozeßortes unstatthaft 38 Anmerk. 31.
Wechselinteressenten 76.
Wechselklage geht nicht auf Ausstellung eines Wechsels 116 Anm. 1.
— s. auch Klage.
— s. auch Ansprüche aus Wechseln.
Wechselklausel 179.
— als Schuldgrund 156.
— im Eigenwechsel 629.
Wechselkopie, s. Kopie.
Wechselkunde 2.
Wechselkurs, s. Kurs.
Wechsellehre 2.

Wechsellieferung, s. Lieferung.
Wechselmäßige Ansprüche 409. 551.
Wechselnehmer, s. Nehmer.
Wechsel-Novellen, s. Novellen.
Wechselordnung, allgemeine deutsche, s. Allgemeine.
Wechselordnungen, ältere deutsche 11.
— älteste 10 Anm. 17.
Wechselpapier 57.
— unter dem Ausdruck Wechsel begriffen 3.
Wechselpari 151 Anm. 7.
Wechselprokura 99 Anm. 2 und 4.
Wechselprotest, s. Protest.
Wechselprozeß gegen minderjährige Erben 83.
— Gesetzgebung der einzelnen Staaten 27.
— Geltendmachung des Anspruchs auf Deckung in demselben 146.
— s. auch Prozeß.
Wechselrecht, objectives und subjectives 1 Anm. 1.
— Verpflichtung nach W. 1 Anm. 1.
Wechselregreß, s. Regreß.
Wechselreiterei 542.
Wechselschließer und Nehmer 129 Anm. 2.
Wechselschluß 116.
Wechselschuldner 76. 554.
— bei dem Eigenwechsel 645.
Wechselstempel, s. Stempel.
Wechselstrenge als Folge des formalen Charakters der Verpflichtung 55.
— materielle 27.
— prozessualische 589.
— prozessualische, als Folge der materiellen 56.
— im Valutenverhältniß begründet 156.
Wechselstyl 9.
Wechselsumme, in Buchstaben und in Ziffern ausgedrückt 182.
— dem protestirenden Inhaber im Regreßweg zu vergüten 496.
— s. auch Summe.
Wechselusancen, s. Usancen.
Wechselunfähigkeit, deren Wirkung 78.
— zur Zeit der Wechsel-Erklärung, Beweis 83 Anm. 28.
— des Acceptanten 373.
Wechsel-Verbundene 76.
Wechselverkehr, als Gegenstand der Wechselwissenschaft 1.

Sachregister.

Wechsel-Verpflichtete 76.
Wechselverschreibung 629 Anm. 8.
Wechselversprechen, Mehrheit derselben auf einem Papier 122.
— des Avalisten 275.
— bei dem Eigenwechsel 633.
— s. auch Wechselerklärung.
Wechselvertrag 122.
— dessen Zurückführung auf Römisches Recht 12.
— des Trassanten 128.
— des Acceptanten 133.
— des Indossanten 319.
— bei dem Eigenwechsel 633.
Wechsel-Vorvertrag 116.
Wechselwesen 2.
Wechselwissenschaft 2.
Wechselzahler, s. Zahler.
Wegzug des Präsentaten, Protestort 366.
— s. auch Wohnungsveränderung.
Weiber, s. Frauen.
Weigerung der Acceptation 382.
— des Bezogenen, sich über die Acceptation zu erklären 382.
Weigerungsprotest 397 Anm. 24.
Weihnacht als Bezeichnung der Zahlungszeit 219 Anm. 24.
Weimar, Gesetze zur W. O. 23 Anm. 16.
— Gesetz über Anweisungen 67.
Weiterbegebung des indossirten Wechsels 317.
Wenn es Noth thut 277 Anm. 10.
Wenn Schuldner manquirt 277 Anm. 10.
Werktag 366.
Werth in Rechnung u. dgl. 151.
— in Rechnung N. 313.
— von N. 159.
— zum Inkasso 298 Anm. 5.
— in mir selbst 303.
— s. auch Valuta.
Werthentnehmer 71.
Werthgeber 73.
Werthpapiere, sind nicht Gegenstand des Wechsels 181.
Wesen des Wechsels 49.
Wesentliche Bestandtheile, s. Erfordernisse.
Widerklage, s. Nachklage.
Widerruf, s. Zurücknahme.
Widersprechende Angaben von Zeit und Ort im Wechsel 197 Anm. 80.
Widerspruch der Zahlungszeit mit dem Datum der Ausstellung 221.

Widersprüche im Wechsel 230.
Wiedersicht 237.
Wiedersicht, domizilirt - eigener Wechsel auf W. 641.
— bei dem eigenen Sichtwechsel 642.
Wiederwechsel, s. Rückwechsel.
Wille, Wirklichkeit desselben 60.
— Mangel desselben 229.
— s. auch Absicht.
Willenlosigkeit, s. Handlungsunfähige.
Windprotest 397 Anm. 25.
Wirkung einer Wechselerklärung, nach welchen (Orts-) Gesetzen zu beurtheilen? 35.
Wisselbrief 180.
Wissenschaft des Wechselrechts 2.
— Geschichte derselben 12.
— ist sie Rechtsquelle? 27.
W. O. 26 Anm. 17.
Wohnort des Ausstellers, Angabe im Eigenwechsel 632 Anm. 18.
— s. auch Ort.
Wohnsitz, s. Domizil.
Wohnung als Ort der wechselmäßigen Handlung 364.
— des Präsentaten, wenn nicht zu ermitteln 365.
Wohnungs - Veränderung des Präsentaten 365. 174.
Wucher, Einrede derselben 588.
Württemberg Gesetzgebung 27 Anm. 19.

Zahl der an einem Wechsel betheiligten Personen 70.
„Zahlbar bei" und „Zahlbar durch" 172.
— bei dem Aussteller 168.
— bei dem Trassanten 174 Anm. 17.
— bei mir selbst 174 Anm. 18.
— hier und aller Orten 203.
— überall, wo zu treffen 203.
— aller Orten, Bedeutung dieser Klausel für den Gerichtsstand 590.
— aller Orten, im Eigenwechsel 632.
Zahler des Wechsels 75.
— s. auch Domiziliat.
Zahltage 423.
Zahlung 430.
— Anerbieten derselben nach erhobenem Protest 471.
— auf die Prima oder Sekunda 260.
— der Wechselinhaber hat sie abzuholen 425.
— „am Verfalltag nicht zu leisten" 466 Anm. 2.

Zahlung des Bezogenen an den Indossatar 317.
— Wirkung derselben 511.
— des Diskontnehmers 520.
— des Eigenwechsels 635.
— Einrede ders. lben 569.
— s. auch Präsentation zur Zahlung.
Zahlungen, Austausch von solchen mittelst des Wechsels 50 Anm. 5.
Zahlungsadresse des Domizilwechsels 169.
— auf einen andern Ort, vom Bezogenen dem nicht domizilirten Wechsel beigefügt 428.
— am Ort des Bezogenen, macht sie — dem Acceptanten gegenüber — einen Protest M. Z. nöthig? 463.
— im Accept 376.
— Beifügung einer besondern von Seiten des Trassanten im nicht domizilirten Wechsel 426.
— auf den Zahlungsort vom Acceptanten eines nicht domizilirten Wechsels 463. 475.
— s. auch Domizilvermerk.
Zahlungsaufschub, s. Vorgfrist.
Zahlungsauftrag im Wechsel 51. 204.
— des Indossanten 310. 320.
Zahlungseinstellung des Acceptanten 417.
Zahlungsverbieten des Wechselschuldners 510.
Zahlungserhebung, ist der protestirende Notar dazu legitimirt? 471.
Zahlungsfähigkeit 77 Anm. 1.
Zahlungsort 427.
— dessen Angabe im Wechsel 200.
— Angabe eines andern im Accept 376.
— des Domizilwechsels 169.
— im Eigenwechsel 631.
— s. auch Ort.
Zahlungstag 214.
Zahlungsversprechen im Eigenwechsel 632.
Zahlungszeit, deren Angabe im Wechsel 190. 214.
— des Eigenwechsels 630. 635.
Zeichen, s. Handzeichen.
Zeichnung des Stellvertreters 100.
Zeit der Lieferung eines Wechsels 120.
— nach Sicht, Berechnung derselben 242.
— der Präsentation zur Zahlung 428.

Zeit der Zahlung 135.
— der Protesterhebung, s. Protestfrist.
Zeitablauf 523.
Zeitangabe, s. Zahlungszeit 214.
Zeitbestimmungen 365.
— bei dem Eigenwechsel 635.
Zeitdatum, im Protest 400.
— s. auch Datum.
Zeitfrist für die Präsentation zur Annahme 383.
Zeitpunkt, maßgebender in Betreff der Wechselfähigkeit 77.
— der Volljährigkeit, s. Volljährigkeit.
Zeitsichtwechsel 239.
— eigener 641.
— Präsentation zur Annahme, Zeitfrist für dieselbe 383.
— Verfallzeit desselben 421.
— Verjährung 524 Anm. 5.
— mit gefälschtem Accept 538.
— eigener, Sichtvermerk mit Beifügung eines spätern Verfalltages 643.
Zerrissener Wechsel 234.
Zeuge, Einrede, nur als Zeuge unterschrieben zu haben 566.
Zeugenbeweis 600.
Zieher 71.
Ziffern, die Wechselsumme in solchen ausgedrückt 192.
Zinsen 558.
— Anspruch des Trassanten gegen den Acceptanten, ohne dessen Genehmigung jener den Domizilvermerk auf den Wechsel setzte 170 Anm. 10.
— Anspruch des Regreßnehmers 497. 501.
— Verlust bei Unterlassung der Notifikation 487.
— bei dem Eigenwechsel 646.
— s. auch Diskont.
Zinsverbindlichkeit des Acceptanten 140.
— deren Aufhören durch Deponirung 442.
Zinsversprechen in der Tratte 183.
— im Eigenwechsel 629 Anm. 10.
— bei der Prolongation 515 Anm. 5.
Zorn 85.
Zufall, s. Gefahr, Höhere Gewalt.
Zugeständniß, gerichtliches 599.
— s. auch Anerkenntniß, Geständniß.

Zurückbegebung des Wechsels an den Trassanten 133.
Zurückbehaltungsrecht 286.
—— des Bezogenen für die Deckung 147.
Zurückdatirung des Wechsels 197.
Zurückgeben und -Nehmen des Wechsels 125.
Zurückindossirung eines Rectawechsels 300.
Zurücknahme des Acceptes 137.
Zusage, nicht zu klagen, Einrede 564.
Zustand der Handlungs-Unfähigkeit 85.
Zuständiges Gericht, s. Gericht.

Zustimmung, s. Genehmigung, Mitwirkung.
Zwang 85.
—— Einrede desselben 598.
Zwecke welche außerhalb des Wechsels liegen 53.
—— des Wechselgeschäfts, s. Unterliegendes Rechtsgeschäft 106.
Zwei Ausstellungsorte 197 Anm. 83.
Zweiseitiger Vertrag, ist der Wechsel ein solcher? 126.
Zwischenräume, leere auf dem Wechselpapier 210.
Zwischenwechsel, s. Interimswechsel.

Inhaltsverzeichniß.

§. 1. Einleitung und Grundbegriffe.

	Seite
I. Begriff des Wechselrechts	1
II. System des Wechselrechts	2
III. Das Wort „Wechsel"	3

§. 2. Die Geschichte des Wechsels und Wechselrechts.

I. Die Entstehung des Wechsels in Italien	4
II. Die Weiterbildung in Frankreich	6
III. Verbreitung des Wechsels in Deutschland	8
IV. Ausbildung des Wechselrechts in der neueren Zeit	9
V. Die Wissenschaft des Wechselrechts	12

§. 3. Die Quellen des deutschen Wechselrechts.

I. Die gemeinsame deutsche Gesetzgebung	13
1. Das Zustandekommen der Allg. Deutschen Wechselordnung	—
2. Die Nürnberger Novellen	16
3. Die Gesetzgebung des Norddeutschen Bundes	17
II. Die Art der Rechtsquellen, Gesetz und Gewohnheitsrecht, gemeines, gemeinsames und partikulares Recht	25
III. Bedeutung der Wissenschaft und Praxis	27
Auslegung und Anwendung	—
Der gute Glauben	28

§. 4. Anwendung des ausländischen Wechselrechts.

I. Ausländer und ausländische Wechselerklärungen	28
II. Begriff von Ausland und Inland	29
III. Anwendbarkeit ausländischen Rechts	30
IV. Die einzelnen Verhältnisse und deren Beurtheilung nach inländischem oder nach ausländischem Recht	31
1. Wechselfähigkeit	—
2. Erfordernisse und Form der Wechselerklärung	32
3. Inhalt und Auslegung der Wechselerklärung	34
4. Wirkungen der Wechselerklärung	35
5. Form der vorgeschriebenen Handlungen	—
6. Die Nothwendigkeit einer Handlung	36
7. Wirkung der Versäumniß	37
8. Die Verjährung	—

		Seite.
9. Der Prozeß		37
10. Vom Nachweis des ausländischen Rechts		38
11. Die Schranke der absolut gebietenden inländischen Vorschriften		—

§. 5. Die Litteratur des deutschen Wechselrechts.

I.	Geschichte und älteres Wechselrecht	39
II.	Systematische Darstellungen des gesammten Wechselrechts	40
III.	Kommentare, Ausgaben und Bearbeitungen der A. D. W. O. und der legislativen Arbeiten	—
IV.	Bearbeitungen des Wechselrechts einzelner Staaten	41
V.	Monographien über einzelne Theile des Wechselrechts	42
VI.	Sammlungen gerichtlicher Entscheidungen und technischer Gutachten	—
VII.	Zeitschriften wechselrechtlichen Inhalts	43

§. 6. Das Wechselgeschäft.

I.	Der Zusammenhang seines Verlaufs	43
II.	Die einzelnen sich ergebenden Beziehungen bei dem einfachen Wechsel	44
III.	Vermehrung derselben durch Indossamente	46
IV.	Hinzutritt von Nothadresse, Domizil, Aval	—
V.	Die dem Wechsel zu Grunde liegenden Verhältnisse	—
VI.	Intervention	47
VII.	Regreßnahme	—
VIII.	Präjudizirter Wechsel	—
IX.	Die Wechselklage	—
X.	Der Eigenwechsel	—
XI.	Der Verlauf des Geschäfts	—
XII.	Directer Wechsel und Umwege	48
XIII.	Die Zahl der Personen	49
XIV.	Die Bestimmung des Wechsels	—
XV.	Perioden oder Stadien des Wechselgeschäfts	—

§. 7. Das Wesen des Wechsels.

I.	Wechselpapier, Wechselvertrag	49
	Der Wechsel kein Papiergeld	—
	Das Wechselversprechen	—
II.	Wesen des Wechselvertrags	50
III.	Wesentliches Merkmal jeder Tratte	51
	Garantie des Ausstellers	—
IV.	Unabhängigkeit vom unterliegenden Verhältniß	52
	Rechte und Verbindlichkeiten in Beziehung auf Valuta, Deckung, Einlösung	—
	Zwecke der Interessenten; Kurs	53
	Formale Natur des Wechsels	—
V.	Versprechen der Zahlung „gegen diesen Wechsel"	54
VI.	Der Wechsel als Formvertrag	—
VII.	Die Wechselform als Grundlage des Rechts	—
VIII.	Gegenstand des Wechsels: Geld	—

	Seite
IX. Das Recht auf den Wechsel	55
X. Die formale Natur des eigenen Wechsels	—
XI. Die Wechselstrenge als Folge des formalen Charakters	—
Ausschluß von Einreden	—
Die prozessualische Wechselstrenge	—
XII. Solidarität der Wechselverpflichteten	56
XIII. Der Wechsel als Handelsgeschäft	—

§. 8. Das Wechselpapier und die Wechselerklärung.

I. Das Wechselpapier	
1. Mehrere Wechselversprechen auf demselben Papier	57
2. Der Grundwechsel des Trassanten	—
3. Der Anschlußwechsel des Acceptanten	—
4. Anschlußwechsel der Indossanten	—
5. Versinnlichung der Anschlußwechsel	59
6. Rechtsverhältnisse aus dem Wechselpapier	—
II. Die Wechselerklärung	60
1. Bedeutung der Unterschrift auf einem Wechsel	—
2. Der in der Wechselerklärung liegende Vertrag	—
3. Der Ausdruck des Willens	—
4. Irrthümliche Erklärung	61
Berücksichtigung des Irrthums	—
5. Der durch Arglist hervorgerufene Irrthum	—
6. Inhalt und Wirkung der Wechselerklärungen	—
7. Erfordernisse jeder Wechselerklärung	—
Fähigkeit; Mitwirkung eines Andern	—
Schreibensunkunde. Fremde Sprache	62

§. 9. Die Anweisung im Unterschied von der Tratte.

I. Aehnlichkeit mit der Tratte	62
Assignant, Assignat, Assignatar	—
II. Unterschied von der Tratte	—
Accept. Indossament	63
III. Präsentation zur Annahme	65
IV. Landesgesetzliche Gleichstellung mit dem Wechsel	—
Umfang ihrer Wirksamkeit	—
V. Die Anweisung begründet keine wechselmäßige Verbindlichkeit . . .	68
VI. Die kaufmännische Anweisung	—
VII. Gegenstand derselben	69

§. 10. Die Tratte und der Eigenwechsel.

I. Der trassirte Wechsel	69
II. Der eigene Wechsel	
Zahlungsauftrag und Zahlungsversprechen	—
III. Gemeinsame Bestimmungen	70

§. 11. Die an einem Wechsel betheiligten Personen.

I. Tratte mit zwei, drei, vier Personen	70
II. Die einzelnen Personen	71
1. Trassant	—

	Seite.
Er ist Regreßschuldner	71
Seine Rechte und Obliegenheiten	—
2. Der Bezogene	72
3. Der Remittent	—
4. Der Indossant	73
5. Der Indossatar	—
6. Vormann und Nachmann	—
7. Inhaber	—
8. Der Präsentant	74
9. Der Acceptant	—
10. Der Domiziliat	—
11. Der Nothadressat und Adressant	75
12. Intervenient, Honorat	—
13. Avalist	—
14. Honorant	—
15. Zahler	—
16. Wechsel- verbundene Interessenten	—
Solidarität	76
Haftung Dritter	—
Nebenpersonen	—

§. 12. Die Wechselfähigkeit.

I. Aktive und passive Fähigkeit	76
Aelteres Recht	—
II. Entscheidender Zeitpunkt	77
III. Beweis	78
IV. Wirkung der Unfähigkeit	—
1. Mangel der wechselmäßigen Verbindlichkeit	—
a. Betrügliche Verheimlichung der Unfähigkeit	79
b. Erfüllung des Versprechens	—
2. Civilrechtliche Wirkungen der Wechselerklärung	—
Geltung der Urkunde als Schuldschein	—
3. Verbindlichkeit aus dem unterliegenden Geschäft	—
4. Geltendmachung der Unfähigkeit durch Dritte	80
5. Die übrigen Unterschriften auf dem Wechsel	—
6. Das Recht aus dem Wechsel und dessen Uebertragung	81
V. Die Unfähigkeit des Minderjährigen	—
1. Zeitpunkt der Volljährigkeit	—
2. Der Minderjährige, welcher sich für volljährig ausgab	82
3. Vormundschaftliche Ermächtigung	—
4. Ermächtigung zum Geschäftsbetrieb	—
5. Vertreter des Minderjährigen	83
6. Minderjährige Erben	—
7. Beweis der Minderjährigkeit	—
8. Der Minderjährige als Bevollmächtigter	84
VI. Entmündigte Personen	—
VII. Der Schuldner in Konkurs	—
VIII. Handlungsunfähige Personen	—
1. Geisteskrankheit	—
2. Vorübergehende Zustände der Geistesverwirrung	85
3. Zwang	—
Physische Gewalt	—
Drohung	—
4. Körperliche Gebrechen	86

		Seite.
5. Schreibens-Unkunde		86
6. Lesens-Unkenntniß		—
7. Unkunde der betreffenden Sprache		87
8. Beweis eines die Fähigkeit aufhebenden Zustandes		—
IX. Korporationen		—
X. Gesellschaften		88
XI. Frauenspersonen		—
1. Die Wechselerklärung einer Ehefrau		—
A. ihre Unterschrift		—
a. Genehmigung des Ehemannes		—
b. Die Handelsfrau		89
c. Selbstständiger Vermögensbesitz		90
B. Wirksamkeit der Verpflichtung einer Ehefrau		91
2. Die Intercession und Bürgschaft einer Frauensperson		92
Beweisführung		—
Mitunterschrift einer Frauensperson		93
3. Unterschrift einer Frau als Mitschuldnerin		94
XII. Hauskinder		95
1. Verbindlichkeiten derselben		—
2. Insbesondere Darlehen		—
XIII. Bürgerliche Stellung		96
1. Stand		—
A. Militär		—
B. Geistliche		97
2. Verbrechen		—
3. Prozessualische Ausnahmsstellung		—
A. der Gesandten		—
B. Befreiung vom Wechselarrest		—
C. Konkurs		—
XIV. Wechselfähigkeit der Ausländer		98
1. Beurtheilung nach dem Rechte des Wohnorts		—
2. Uebernahme einer Verbindlichkeit im Inlande		—
Vertragsfähigkeit nach inländischem Rechte		—

§. 13. **Die Stellvertretung bei Wechselgeschäften.**

I. Zulässigkeit der Stellvertretung		98
II. Umfang der Vertretungsbefugniß		99
1. Der Prokurist		—
2. Der Handlungsbevollmächtigte		—
3. Sonstige Bevollmächtigte		—
4. Der Handels-Gesellschafter		100
5. Die Liquidatoren der Handelsgesellschaft		—
III. Persönliche Wechselunfähigkeit eines Bevollmächtigten		—
IV. Die Unterschrift des Bevollmächtigten		—
V. Verpflichtung des Auftraggebers. Ueberschreitung der Vollmacht		101
1. Die gesetzliche Vertretungsbefugniß kann weiter gehen		102
2. Persönliche Haftung des Vertreters bei Ueberschreitung der Vollmacht		—
3. Nichtvorhandensein einer Vollmacht		103
4. Mangelnde Legitimation eines Vormannes oder gesetzlichen Vertreters		—
5. Substitutions-Vollmacht		—

	Seite.
6. Abschluß des Bevollmächtigten auf eigenen Namen	103
7. Haftung des Auftraggebers und des Vertreters	104
8. Bereicherung des Auftraggebers bei Ueberschreitung der Vollmacht	—
VI. Ausweis über die Vollmacht	—
VII. Nachweis der Verpflichtung des Auftraggebers (Passivlegitimation)	
Begründung derselben aus den Verhältnissen	105
Prozessualischer Nachweis	—
VIII. Der Kommissionär	—
Indossament desselben	—

§. 14. Die dem Wechsel unterliegenden Verhältnisse.

I. Der Zweck des Wechsels	106
II. Das unterliegende Rechtsverhältniß	—
III. Dieselben liegen außerhalb des Wechsels	107
IV. Sie können gegen Dritte nicht geltend gemacht werden	—
V. Welche Wirkung hat der Wechsel auf das unterliegende Verhältniß? Bewirkt er eine Novation?	—
VI. Der Wechsel als Waare	111
VII. Das unterliegende Verhältniß als Valuten- oder Deckungs-Verhältniß	—
Der Wechsel für fremde Rechnung	112
Das Valutenverhältniß bei jeder Begebung ein neues	—
VIII. Unabhängigkeit des Inhalts der wechselmäßigen Rechte von dem unterliegenden Verhältniß	—
IX. Die Ausübung des Wechselrechts von dem unterliegenden Verhältniß bestimmt	—
Einreden aus dem unterliegenden Verhältniß	—
A. Anfechtbarkeit des letzteren	113
B. Gegenforderung	—
1. Einrede des Acceptanten wegen nicht berichtigter Deckung: nicht aber wegen fehlender Valuta	—
2. Einrede nicht berichtigter Valuta gegen die Regreßklage	114
Ausgeschlossen bezüglich Dritter	—
Die Valuta ist nicht Bedingung des wechselmäßigen Anspruchs	—
Die Einrede als Kompensations-Einrede	115
C. Nichterfüllung eines Gegenversprechens	—
D. Nichteintritt der Bedingung	—

§. 15. Der Wechselschluß.

I. Die Vereinbarung über das Geben des Wechsels	116
II. Der Wechselschluß als Vorvertrag	—
III. Verbindlichkeit zur Valutenzahlung	—
Interimswechsel	117
Zahlungsart und Preis	—
IV. Verpflichtung, den Wechsel zu liefern	—
1. Tratte von der Hand. Gemachtes Papier	—
2. Kopie. Sekunda, Domizilwechsel, Eigenwechsel	118
3. Kurzes, langes Papier, Sichtwechsel	—
4. Anspruch auf Duplikate	—

		Seite
5. Bestimmung in Betreff des Bezogenen		118
6. Abweichung vom Wechselschluß		—
V. Wechselgeschäft direct oder durch Mäkler		119
VI. Erfüllung der Verpflichtung aus dem Wechselschluß		—
A. Zahlung der Valuta. Interimschein Interimswechsel		—
B. Aufschub der Lieferung des Wechsels. Interimschein		120
VII. Die wirkliche Lieferung des Wechsels		—
Zusendung in laufender Rechnung		—
Einverständniß des Nehmers		—
1. Lieferzeit		—
Verzug		121
2. Eigenthumsübergang und Gefahr		—
3. Konkurs des Nehmers		—

§. 16. Der Wechselvertrag.

I. Das Wechsel-Versprechen		122
Der Inhalt des Wechselvertrags		—
Arten des Wechselversprechens		—
II. Die Form des Wechselvertrags		123
1. Schriftlichkeit		—
2. Erklärung auf dem Wechselpapier		—
3. Die Klausel „gegen diesen Wechsel"		—
4. Legitimation durch die Form		—
III. Das Geben und Nehmen		—
1. Jeder Wechselschuldner ein Geber, jeder Gläubiger ein Nehmer		124
a. Geben durch Mittelspersonen		—
b. Mittelbarer Nehmer		—
2. Geber im engern Sinn, Vormann		—
3. Erforderniß des Willens		—
4. Beweis des Gebens und Nehmens		125
5. Beweis des Mangels eines Wechselvertrages		—
IV. Die bloße Uebertragung eines Wechsels		—
V. Zurückgeben und Zurücknehmen des Wechsels		—
VI. Das Schreiben der Wechselerklärung		126
VII. Die Verhältnisse zwischen den ersten Kontrahenten		—
VIII. Der Wechsel enthält kein Gegenversprechen		—
Kompensationsrecht des Wechselschuldners		127
IX. Das Wechselversprechen ein reines Summenversprechen		—
Jede Schuld kann in ein solches umgewandelt werden		—
X. Der Vertrag über einen Wechsel		128
XI. Der Wechselvertrag als Handelsgeschäft		—

§ 17. Der Wechselvertrag des Trassanten.

I. Die Grundformen des Wechselvertrags		128
II. Das Versprechen des Trassanten		129
Die Klausel „ohne Obligo"		—
III. Die Regreßverbindlichkeit		130
IV. Der Nehmer hat keine wechselmäßigen Rechte gegen den Bezogenen		—
Insbesondere bei einer präjudizirten Tratte		131
V Durch die Acceptation wird der Trassant nicht frei		132

	Seite.
VI. Der Trassant haftet für die Einlösung zur Verfallzeit	132
VII. Abschluß des Begebungsvertrages	—
1. Die Hingabe des Wechsels	133
2. Form und Absicht	—
3. Zurücknahme der Unterschrift	—
VIII. Zurückbegebung	—

§. 18. Der Wechselvertrag des Acceptanten.

	Seite.
I. Das Accept als Wechselversprechen	133
II. Das Accept ist ein Summenversprechen	134
III. Accept für eine Schuld. Gefälligkeits-Accept	—
IV. Unterliegende Verhältnisse. Novation	—
V. Verbindlichkeit, zu acceptiren	135
VI. Recht, zu acceptiren	136
VII. Geben und Nehmen des Acceptes	—
Zurücknahme; Durchstrich	137
Der Acceptant verpflichtet sich dem Trassanten, Remittenten, Indossatar; hat keine Einwendung aus unterliegenden Verhältnissen	—
VIII. Accept eines Nichtbezogenen, oder Eines von mehrern Bezogenen	138
IX. Das Acceptationsversprechen ist gegeben auf Grund eines Zahlungsauftrags; der Inhalt des Accepts bestimmt sich nach der Tratte, nicht dem Avis; es setzt die wirkliche Begebung voraus	139
Einreden: die Tratte sei gestohlen, verloren; sie sei anders, als der Begebungsvertrag gestatte, ausgefüllt; der Präsentant sei nicht identisch mit dem Wechselnehmer	—
Der Acceptant haftet nach Umfang seines Acceptes, in Hinsicht auf Summe, Verfallzeit und Ort	—
X. Weitere Verbindlichkeit	140
Zinsen	—
Regreßsumme	—
XI. Der Acceptant haftet dem Trassanten	141
XII. Erlöschen der Verbindlichkeit. Deposition. Verjährung	—
XIII. Anspruch auf Deckung	—

§. 19. Deckung und Avis.

	Seite.
I. Die Deckungs-Pflicht	142
Tilgung einer Schuld. Gutschrift	—
Deckung im engern und weitern Sinn	—
Der Wechsel für fremde Rechnung	143
Deckungspflicht des Trassanten	—
Regreßverbindlichkeit des Trassanten	144
II. Wechselsumme, Zinsen, Kosten, Provision	145
III. Der Anspruch auf Deckung ist in der Regel kein wechselmäßiger Anspruch	—
Begründung desselben	—
Verjährung desselben	—
IV. Der Anspruch auf Deckung als Einrede im Wechselprozeß	146
Die Forderung gegen den Acceptanten setzt nicht den Nachweis der Deckung voraus	—

		Seite.
V.	Bereinigung der Deckung	146
	Trassiren auf einen Schuldner	—
	Vereinbarte Deckung; Vereitlung derselben	147
	Anspruch auf baare Deckung	—
VI.	Zurückbehaltungsrecht des Bezogenen	—
VII.	Die Gefahr der Deckung	—
VIII.	Die Deckung des Domiziliaten	—
IX.	Ueberschreiten des Auftrages durch den Bezogenen. Gegenordre	148
X.	Der Nehmer des Wechsels kann keinen Nachweis erfolgter Deckung beanspruchen	—
XI.	Deckungsklausel „stellen ihn auf Rechnung"	—
XII.	Zahlungspflicht gegen Deckung	—
	Accept läßt nicht auf Deckung schließen	149
XIII.	Je nach Art der Deckung ist das Trassiren	—
	1 auf Deckung	—
	a. auf baare Fonds	—
	b. auf Schuld	—
	2. auf Kredit	—
XIV.	Der Avis	—
	1. Zweck des Avisbriefes. Die Vorsicht gegen Fälschung	150
	2. Wer avisirt? Zwei Avisbriefe	—
	3. Die Klausel „laut Avis"	—
	4. „Ohne Bericht"	151
	5. Kosten der Avisirung	—
	6. Der Avisbrief mit dem Wechsel	—
	7. Pflicht zu avisiren	—
	8. Avis giebt noch kein Recht an den Bezogenen	152
	9. Beantwortung des Avisbriefes	—

§ 20. Die Valuta.

I.	Die Gegenleistung des Remittenten an den Trassanten	152
	Das Verhältniß zwischen Nehmer und Geber	—
II.	Valutenverhältniß zwischen dem Trassanten und einem Dritten	153
III.	Die Valuta zwischen Indossanten und Indossatar	—
IV.	Die Hingabe eines Blanko-Indossamentes	—
V.	Die Valuta als Preis des Wechsels. Kurs	154
VI.	Die Valuten-Klausel	—
VII.	Das Vertragsverhältniß in der Valuta	155
	Der Schuldgrund (causa)	156
VIII.	Die Valuta als Grund der Wechselstrenge	—
IX.	Die Berichtigung der Valuta	157
	1. Im Zweifel versteht sich Baarzahlung	—
	2. Eine Verbindlichkeit folgt nicht aus der Begebung	—
	3. Nicht wechselmäßiger Anspruch	—
	4. Die Einrede des Wechselgebers wegen mangelnder Valuta	—

§ 21. Die Kommissionstratte und der Wechsel für fremde Rechnung.

I.	Anschaffung oder Umsatz von Wechseln	158
	1. Anschaffung	—

	Seite.
A. an Ordre des Kommittenten	158
B. mit Verschweigen des Kommittenten	—
a. an Ordre des Kommissionärs	159
Dessen Giro	—
b. mit Blanko-Indossament	—
2. Umsatz durch den Kommissionär	—
II. Der Wechsel für fremde Rechnung	160
1. In Betreff der Deckung	—
Kommissionstratte	—
Unterliegende Verhältnisse	—
2. In Betreff der Valuta	161
III. Unechte Notbadresse („Falls für Rechnung N.")	—
Weiterer Deckungspflichtiger	—
Accept S. P.	162
IV. Besorgung des Accepts durch den Kommissionär	—
V. Waaren-Kommission, Accept über Kommissionsgut	—

§. 22. Der eigentraffirte Wechsel.

I. Begriff. Vorkommen	162
1. bei mehrern Etablissements	—
2. Zahlung des Ausstellers an anderem Ort	—
Unterscheidung vom Domizilwechsel	163
II. Die Form der Tratte	—
III. Verschiedenheit des Orts	—
In derselben Stadt	—
Vorübergehender Aufenthalt	165
IV. Identität des Trassanten und Bezogenen	—
1. Wirkliche, aber nicht ersichtliche Identität	—
2. Scheinbare Identität	—
3. Die vom Inhaber einer Firma auf dieselbe gezogene Tratte	—
V. Geltung als Tratte	166
VI. Ort der Präsentation zur Annahme	—
VII. Der eigen-traffirte Wechsel an eigene Ordre	—
VIII. Der Eigene Wechsel mit Ortsverschiedenheit	167
IX. Darf der Wechsel-Geber einen eigentraffirten Wechsel liefern?	—

§. 23. Der Domizilwechsel.

I. Grund und Zweck	167
Der Domiziliat	168
1. Bestimmt-domizilirter Wechsel	—
2. Unbestimmt domizilirter Wechsel	169
II. Adresse und Domizil	—
Domizilirung durch den Trassanten	—
Modifizirtes Accept	—
Domizilvermerk durch den Acceptanten	170
III. Bezeichnung eines Domiziliaten	172
„Zahlbar durch" oder „bei"	—
IV. Präsentation von Seiten des Inhabers	173
A. bei unbestimmt-domizilirtem Wechsel	—
1. zur Annahme	—

	Seite.
2. zu Bezeichnung eines Domiziliaten	173
3. zur Zahlung	—
Vorgeschriebene Präsentation zur Annahme	—
Accept mit oder ohne Bezeichnung des Domiziliaten	—
Nichtvorgeschriebene Präsentation zur Annahme	174
B. Bei bestimmt-domizilirter Tratte	—
V. Wechselversprechen des Acceptanten	—
A. bei dem bestimmt domizilirten Wechsel	—
B. bei unbestimmter Domizilirung	—
VI. Accept Seitens des Domiziliaten	175
VII. Deckungspflicht	—
Deckungspflicht des Bezogenen gegen den Domiziliaten	—
VIII. Die Präsentation zur Zahlung	—
IX. Regreßrecht gegen den Acceptanten und die Vormänner	—
Erforderniß des Protestes	—
X. Protest des Inhabers bei sich selbst	177
XI. Protest, wenn der Trassant zugleich Domiziliat ist	—

§. 21. Die Erfordernisse der Tratte.

I. Der Wechsel als Urkunde; deren Erfordernisse.	178
II. Die Wechsel-Klausel	179
1. Stellung derselben im Kontert	—
2. Bezeichnung als Tratte, Prima u. dgl.	180
3. Bei dem Wechsel in fremder Sprache	—
4. Der ausländische Wechsel	—
III. Die Wechsel-Summe	181
1. Der Wechsel lautet auf eine Geldsumme	—
2. Angabe des Münzfußes	—
3. Fremde Münzsorte	—
Der Beisatz „effectiv"	182
4. Angabe der Summe in Buchstaben oder Ziffern	—
Dreimalige Angabe	—
5. Differirende Angaben der Summe	—
6. Bestimmtheit der Summe	183
a. ohne Gegenleistung	—
b. Zinsversprechen	—
7. Der Raten-Wechsel	184
8. Nachträgliche Beifügung der Summe	—
9. Irrthümliche Angabe der Summe	—
10. Vertheilung der Summe auf mehrere Wechsel	—
11. Bemessung der Wechselsumme je nach dem Verhältniß zu dem Bezogenen	185
IV. Die Bezeichnung des Remittenten	—
1. Vollständigkeit des Namens	—
Beifügung des Vornamens	—
Firma	—
Vormundschaftliche Verwaltung	186
2. Stellung an Ordre	—
3. Eine Valutaquittung ersetzt nicht die Angabe des Remittenten	187
Kommissions-Anschaffung	—
4. Inhaberwechsel	—
5. Blanko-Wechsel	189
6. Stellung an eigene Ordre	—

	Seite.
7. Wirkliche Begebung an den Remittenten	189
V. Angabe der Zahlungszeit	190
VI. Unterschrift des Ausstellers	—
1. Erforderniß der Schriftlichkeit	—
2. Stellung auf dem Wechselpapier	—
3. Unterzeichnung durch Vertreter	191
4. Vollständigkeit der Zeichnung	—
Unvollständige, unleserliche Unterschrift	192
Unrichtigkeit	—
5. Zusätze bei der Unterschrift	193
6. Unterschrift in fremder Sprache	—
7. Unterschrift mittelst Handzeichen	194
8. Nachträgliche Unterzeichnung	195
Unkenntniß des unterzeichneten Inhalts	—
Betrug hiebei	—
9. Unterzeichnung eines von mehrern Personen ausgestellten Wechsels	—
VII. Das Datum in dem Wechsel	—
1. Das Zeitdatum	196
2. Das Ortsdatum	—
Unrichtige Zeit- oder Orts-Angabe	—
A Bloße Unrichtigkeit der Zeitangabe	—
B. Unmögliches Zeit-Datum	—
C. Antedatirung	197
D. Unrichtige Orts-Angabe	—
3. Nachträgliche Einfügung des Datums	198
4. Kann der Mangel des Datums der Ausstellung durch das des Giro's ersetzt werden?	—
VIII. Die Angabe des Bezogenen	—
1. Deren Stelle auf dem Wechsel	199
2. Die vollständige Benennung	—
3. Mehrheit von Bezogenen	200
4. Die Ortsadresse	—
IX. Bezeichnung des Zahlungsortes	—
1. Kann der Mangel des Zahlungsortes durch das Ortsdatum im Accepte ersetzt werden?	201
2. Angabe der Straße statt des Ortes	—
3. Unrichtige Ortsadresse des Bezogenen	202
4. Der Platzwechsel und Distancewechsel	—
5. Die Klausel „zahlbar aller Orten"	203
6. Mehrere Zahlungsorte	—
7. Der Zahlungsort im Meßwechsel	204
X. Der Zahlungsauftrag	—
XI. Modifikation der Erfordernisse des Wechsels durch Willkür (Autonomie) der Interessenten	—
XII. Unwesentliche Bestandtheile. Insbesondere die Valuta-Klausel	205
XIII. Weitere Bestandtheile	—
A. Stempel	—
B. Uebliche Fassung (Inhalt) des Wechsels	206
C. Domizilvermerk, Nothadresse	—
D. Nebenberedungen (Pfand, Bürgschaft)	207
E. Die Klausel „ohne Obligo"	—
XIV. Die Form des Wechsels	—

A. innere Form (Inbegriff der wesentlichen Bestandtheile) .	207
1. Mangel dieser Form	—
2. Materielle Unrichtigkeit (Unwahrheit) einzelner Angaben . . .	—
Betrug	208
B. Die äußere Form	—
1. Format	—
2. Material	—
3. Stoff	—
4. Formulare und deren Ausfüllung	209
5. Die Stellung der einzelnen Bestandtheile auf dem Papier . .	—
6. Leere Zwischenräume	210
XV. Nachträgliche Ergänzung oder Abänderung des Wechsels . . .	—
A. Die Ergänzung	—
1. Präsumtives Einverständniß des Trassanten	—
2. Ergänzung nach erfolgtem Accept	211
3. Ergänzung nach Abweisung der Klage	—
4. Die Ergänzung begründet keinen Einwand gegen Dritte . . .	—
5. Einschaltungen	212
6. Unterzeichnung eines Blankets	—
B. Aenderung des ursprünglichen Inhalts	213
1. vor der Begebung	—
2. gegen die Rechte Dritter	—
XVI. Der Wechsel in fremder Sprache	—
XVII. Nach den Gesetzen welchen Ortes entscheidet sich die Giltigkeit des Wechsels?	214

§. 25. Die Angabe der Zahlungszeit in dem Wechsel.

I. Der Wechsel muß eine Zahlungszeit enthalten	—
1. Bestimmtheit der Zeitangabe	214
a. Genügt die Angabe: „zahlbar nach einer Zeit"? . . .	—
b. Genügt die Zahlbarkeit: „innerhalb einer Frist"? . .	—
c. Kann die Zahlbarkeit auf den Eintritt eines bestimmten Ereignisses gestellt werden?	215
d. Zahlbarkeit nach Eintritt einer Bedingung	—
e. Undeutliche Bestimmungen	—
2. Ersichtlichkeit der Zahlungszeit aus dem Wechsel	—
Wechsel auf Kündigung	—
3. Wechsel „nach Belieben"	216
4. Alternative Zahlungszeit	—
5. Einheit der Zahlungszeit, Ratenwechsel	—
6. Langes und kurzes Papier	217
7. Notiren der Zahlungszeit	—
II. Der Tagwechsel	218
1. Der Kalendertag	—
2. Die Jahreszahl	219
3. Undeutlichkeit	220
4. Rasuren und Korrekturen	221
5. Nicht existirender Tag	—
6. Widersprechende Angabe	—
7. Die Angabe: „zu einem bestimmten Tage"	—
III. Der Datowechsel	—
Alter und neuer Styl	222
Die Berechnung der Verfallzeit	223
1. nach Tagen	—

		Seite
2. nach Wochen		223
3. nach Monaten		—
4. nach Jahren oder Bruchtheilen		224
IV. Der Meßwechsel		—
A. Erfordernisse desselben		—
B. Eintritt des Verfalltages		225
C. Präsentation zur Annahme		226
V. Der Usowechsel		—

§. 26. Der mangelhafte Wechsel.

I. Gesetzliche Feststellung der Erfordernisse und Wirkungen des Wechsels		227
Der unförmliche Wechsel		—
II. Nachträgliche Beseitigung eines wesentlichen Bestandtheils		—
III. Die mehreren Wechselerklärungen auf Einem Papier		228
1. Formfehler in der vorausgehenden Wechselerklärung		—
2. Unabhängigkeit der nicht unmittelbar anschließenden Wechselerklärungen von dem Mangel einer andern		—
3. Unsichtbare Mängel		—
IV. Mangel des Willens		229
1. Wirksamkeit dieses Mangels gegen Dritte		—
2. Die Beweislast		—
3. Bedeutung der Schreibens-Unkunde		—
V. Wirksamkeit der Uebertragung eines Wechsels bei Mangelhaftigkeit der neuen Wechselverpflichtung		—
VI. Unwahre Angaben in dem Wechsel		—
Innere Widersprüche		230
VII. Undeutlichkeit der Absicht einer Wechselerklärung		—
1. Ausstellung in einem Land alten Styls		—
2. Sonstige Zeitbestimmungen		—
3. Die Wechselsumme		—
4. Die Unterschrift		—
VIII. Unleserlichkeit		231
IX. Korrekturen u. dgl.		—
Durchstriche		232
X. Nachträgliche Ergänzung		—
1. Ausfüllung eines Blanketts		233
2. Nachholung der Formrichtigkeit		—
3. Ergänzung wider Willen des Schuldners		—
4. Veränderung des materiellen Inhalts		—
5. Wiederherstellung einer durchstrichenen Stelle		—
6. Zerrissener Wechsel		234
XI. Ueberfülle; ungehörige Bestandtheile		—
XII. Maßstab für den einzelnen Mangel		—
XIII. Kann ein mangelhafter Wechsel als Anweisung oder Verpflichtungsschein gelten?		235
XIV. Beachtung der Mängel von Amtswegen		—

§. 27. Der Sicht- und Zeit-Sicht-Wechsel.

I. Der Wechsel auf Sicht		235
1. Wortlaut des reinen Sichtwechsels		—

	Seite.
2. Die Verfallzeit	236
3. Präsentation zur Annahme	237
4. Präsentation zur Zahlung	—
Präsentations-Frist	238
Fortgesetzte Haftung	—
Spätere Zahlung	239
5. Hinausschieben der Präsentation von Seiten des Trassanten .	—
II. Der Zeitsichtwechsel	—
1. Wortlaut desselben	—
2. Präsentation zur Annahme	240
3. Nothwendigkeit der Präsentation zur Annahme	—
A. Feststellung der Sicht durch Accept oder Protest . . .	—
B. Eintritt der Verfallzeit	242
4. Datirung des Acceptes	241
5. Präsentations-Frist	—
6. Fortgesetzte Haftung des Acceptanten	245
7. Nachholung der Präsentation	—

§. 28. Die Nothadresse.

I. Bedeutung der Nothadresse	246
Recht und Pflicht, eine solche zu geben	—
Mehrere Nothadressen auf einem Wechsel	—
II. Wirkung der Nothadresse	247
III. Form der Nothadresse	—
Durchstrichene Nothadresse	—
IV. Ort, auf welchen die Nothadresse lautet	—
V. Nothadresse auf den Bezogenen	248
VI. Der Trassant oder Indossant als Nothadressat	—
VII. Nothadresse für fremde Rechnung	249
VIII. Obliegenheit des Wechsel-Inhabers	—
A. für den Regreß Mangels Annahme	—
1. Protesterhebung	—
2. Wirkung des Ehrenaccepts	250
B. Bedingung für den Regreß Mangels Zahlung . . .	—
IX. Obliegenheit bei mehreren Nothadressen	251
X. Ehrenaccept eines Nichtberufenen	252
XI. Accept des Nothadressaten	—
1. Form	—
2. Wirkung	—
XII. Zurückweisung eines Intervenienten, welcher nicht Nothadressat ist	—

§. 29. Wechsel-Duplikate.

I. Bedeutung und Form	252
1. Bezeichnung im Kontexte	253
2. Die kassatorische Klausel	—
3. Uebereinstimmung der Exemplare	—
II. Zweck der Duplikate	254
1. Duplikate zur Bequemlichkeit	—
Versendung	—
2. Zweck der Sicherheit	255
Versendung	—
3. Duplikate zu beiden Zwecken	—

	Seite.
III. Bezeichnung der Tratte als Prima u. s. f.	255
IV. Anspruch auf Duplikate	256
1. Aufforderung an den Vormann	—
2. Weitere Vermittlung	257
3. Ausfertigung des Duplikates	—
4. Zustellung an den Nachmann	—
5. Uebergabe an den Nachsuchenden	—
6. Bezeichnung der Duplikate	—
7. Nur Einmaliges Accept	258
V. Geltung des Duplikates für den Wechsel	—
VI. Eigenthum an dem Duplikate	—
VII. Ausnahmen von der bloß einfachen Geltung	—
1. mehrfaches Indossament	259
2. mehrfaches Accept	—
VIII. Kopie statt Duplikates	260
IX. Zahlung auf ein Duplikat	—
X. Der Bezogene gegenüber von mehrern Inhabern von Duplikaten	261

§. 30. Wechselduplikate. Fortsetzung.

I. Gewöhnlicher Gang des Geschäfts	261
II. Abweichungen vom regelmäßigen Gang	262
1. Verschiedenheit der Versender	—
2. Fehlender Depositionsvermerk	—
3. Domizilirte Tratte	—
4. Versendung der Sekunda	—
Kassatorische Klausel	—
5. Präsentation zur Annahme und Protest	263
6. Abforderung des acceptirten Exemplars	—
7. Perquisitions-Protest	—
8. Nicht abverlangtes Duplikat	264
9. Legitimation und Ausfolge	—
10. Nicht wechselmäßige Verbindlichkeit des Verwahrers	265
11. Kontreordre an den Verwahrer	—
12. Regreß auf nicht acceptirte Sekunda	—
III. Regreß Mangels Annahme	—
1. nach ausgefolgter Prima	266
2. bei nicht verabfolgter Prima	—
3. Mangelnde Adresse des Verwahrers	267
IV. Regreß Mangels Zahlung	—
1. gegen die Vormänner, deren Original-Indossamente auf dem Duplikat stehen	—
2. Mangel der Original-Indossamente	268
V. Hat der Nehmer der Sekunda ein Recht auf Prima?	—

§. 31. Die Wechsel-Kopie.

I. Vertretung des Wechsels durch die Kopie	269
II. Befugniß, Kopie zu fertigen	—
III. Kopie zum Giro	—
1. Anfertigung der Kopie	—
2. Weitere Kopien	270
3. Der Vermerk „bis hieher Kopie"	271
4. Verpflichtende Original-Indossamente auf der Kopie	—

	Seite.
5. Ehrenaccept auf der Kopie	272
6. Legitimation des Inhabers durch sämmtliche Original-Indossamente	—
7. Auslieferung des Originals an den Besitzer der Kopie	—
8. Weigerung der Ausfolge; Protest und Regreß	—
9. Wechselansprüche auf Grund des ausgefolgten Originals und der Kopie	273
10. Abweichungen der Kopie vom Original	—
IV. Kopie zu andern Zwecken	274
1. Inhaber der Sekunda will Prima an sich ziehen und inzwischen den Wechsel in Giro setzen	—
2. Mittheilung des Wechsels auf den Nebenplatz	—
3. Versehung der Kopie mit einer Nothadresse	275

§. 32. Der Aval und die Mitunterschrift des Wechsels.

I. Der Aval	275
Wortsinn und Bedeutung	—
1. Die Art der übernommenen Verbindlichkeit	276
2. Umfang der Verpflichtung des Avalisten	—
3. Zweck des Avalisten. Die Bürgschaft	277
4. Die Form der Unterschrift	—
5. Die Mitunterschrift als Aval	280
6. Zahlung des Avalisten; sein Regreß	281
7. Protest und Regreß gegen den Avalisten	—
II. Die solidarische Verbindlichkeit aus der Mitunterschrift	—
Mitunterzeichnung; nachträgliche Unterschrift	—
III. Die Mitunterschrift begründet keine Berechtigung	282
IV. Die Unterschrift des Indossanten. Der Quittungsvermerk	—

§. 33. Bürgschaft und Pfand.

I. Die Bürgschaft für einen Wechsel	282
1. Die offene Bürgschafts-Erklärung	—
A. auf dem Wechsel selbst	283
B. mittelst besonderer Urkunde	—
2. Die verdeckte Uebernahme einer Bürgschaft auf dem Wechsel	284
A. Der Bürge als Trassant	285
B. Der Bürge als Indossant	—
a. bei einer Tratte von der Hand	—
b. Giro einer gemachten Tratte	286
C. Der Bürge als Acceptant	—
3. Vermehrung der Sicherheit des Wechsels durch weitere Unterschriften, welche nicht in der Absicht einer Verbürgung gegeben sind	—
4. Bürgschaftsleistung für einen nothleidenden Wechsel	—
II. Die Pfandbestellung	287
A. Pfandbestellung für einen Wechsel	—
Der gedeckte Wechsel, Hypothekenwechsel, Pfandwechsel	—
1. Für welches Wechselversprechen kann ein Pfand bestellt werden? Wirkung	—
2. Hypothek. Faustpfand	—
3. Pfandbestellung auf dem Wechsel	—
Uebertragung des Wechsels	288
4. Vorkommen der Pfandbestellung	—
5. Verkauf des Pfands	—

	Seite.
6. Ausfolge des Pfands an den zahlenden Wechselschuldner	288
7. Das Zurückbehaltungsrecht	—
8. Hingabe von Werthen zu Eigenthum	289
B. Leistung von Pfandsicherheit durch Wechsel	—
1. Wie erfolgt die Verpfändung des Wechsels?	—
2. Welche Rechte hat der Pfandgläubiger?	—
3. Die Stellung des Wechselschuldners	—

§. 34. Der Remittent.

I. Der Trassant als Remittent	289
Verhältniß zum Bezogenen	—
II. Kontreordre	290
III. Der Remittent in dem Wechsel an fremde Ordre	—
1. Die nicht acceptirte Tratte. Kontreordre	—
2. Der Acceptant. Avis	291
IV. Das Vertragsverhältniß des Remittenten	—
1. mit dem Trassanten	—
2. mit dem Bezogenen	—
3. mit den Nachmännern	—

§. 35. Die Uebertragung des Wechsels.

I. Der Umsatz	291
II. Die Art der Uebertragung. Die Cession im Gegensatz zum Indossament	292
1. Die Einreden gegen den Cedenten	—
2. Die Cession enthält keinen Zahlungsauftrag	293
3. Die Haftung des Cedenten	—
4. Die Legitimation des Cessionars	—
5. Die Beschränkungen der Cession	—
6. Mitübertragung der außerhalb des Wechsels liegenden Ansprüche	294
7. Der Cedent haftet nicht wechselmäßig	—
8. Die Form der Cession	—
9. Wirksamkeit des Indossamentes als Cession	295
10. Mehrfache (collidirende) Cessionen oder Indossamente	—
III. Uebertragung durch richterliche Verfügung	296
IV. Uebergabe des Papiers zu andern Zwecken	—
V. Indossabilität des Ordrepapiers	—
VI. Versprechen, den Wechsel nicht weiter zu geben	—

§. 36. Der Ordre- und der Recta-Wechsel.

I. Die Begebbarkeit als regelmäßige Eigenschaft des Wechsels	297
1. In Ermanglung des Wortes „Ordre"	—
2. Das Recht des Indossatars zur Weiterbegebung	298
3. Verpflichtung des Gebers gegen die Nachmänner	—
4. Jeder Indossatar hat ein selbstständiges (eigenes) Recht	—
II. Der Rectawechsel und das Recta-Indossament	—
1. Die Recta-Klausel	—
2. Der Trassant haftet nur dem Remittenten	299
3. Die Haftung der Recta-Indossanten	—
4. Cession oder Indossament eines Rectawechsels	300
5. Zurückindossirung an den Remittenten	—

	Seite.
6. Die Haftung des Acceptanten	300
III. Recta- und Ordre-Indossamente durcheinander	301

§. 37. Der Wechsel an eigene Ordre.

I. Der Trassant bezeichnet sich selbst als Remittenten	301
II. Zahlungsauftrag an Ordre	302
III. Die Ordre-Klausel	—
An die Ordre meines Indossamentes	—
Mehrere Aussteller	—
„An die Ordre von ... selbst"	—
IV. Das Valutenverhältniß. Werth in mir selbst	303
V. Der Wechsel mit oder ohne Indossament	—
Ergänzung eines Mangels in der Tratte durch das Indossament	—
VI. Eintritt der Verbindlichkeit des Indossanten mit dem Indossament	304
VII. Zweckmäßigkeit kleiner Summen bei dem Wechsel an eigene Ordre	305
VIII. Wechselversprechen des Acceptanten	—
Vergleichung mit dem eigenen Wechsel	—
Wechselvertrag zwischen zwei Personen	—
IX. Der Trassant wird Wechselgeber durch Indossament	—

§. 38. Das Indossament.

I. Der Wortsinn des Ausdruckes	305
Der Inhalt: eine Zahlungsaufforderung	306
Das uneigentliche Indossament	—
II. Das rechtliche Wesen des Indossamentes	—
Das Indossament als Tratte	—
1. Der Zweck des Indossamentes	—
Der Zahlungsauftrag	—
Die Garantie	—
2. Die Form des Indossamentes	—
3. Der Inhalt des Indossamentes	307
4. Die Uebertragung. Unterschied von der Cession	—
5. Enthält das Indossament eine Bürgschaft?	—
6. Das Indossament ist ein Vertrag	—
7. Es begründet keinen Schluß auf das unterliegende Geschäft	308
III. Erfordernisse und Bestandtheile des Indossamentes	—
1. Der Wechsel muß ein Ordrewechsel sein	—
2. Veräußerungsfähigkeit des Indossanten. Wechselfähigkeit	—
Mitwirkung eines andern	309
Stellvertretung	—
Der Konkurs-Kurator	—
Wechsel aus einer Erbmasse	—
3. Der Inhalt des Indossamentes	—
A. Die wesentlichen Bestandtheile	—
a. Unterschrift des Indossanten	—
b. Angabe des Indossatars	310
c. Zahlungsauftrag	—
B. Unwesentlicher Inhalt	311
a. Bereits im Wechsel Enthaltenes	—

		Seite.
b. Valuta und Datum		311
4. Die Stellung auf dem Wechselpapier		—
Das Giro auf einer Kopie oder Alonge		312
5. Zusätze oder Bemerkungen		313
a. Giro für fremde Rechnung		—
b. Theilindossament		—
c. Beifügung einer Bedingung		—
6. Die wirkliche Begebung		—
IV. Die Wirkung des Indossamentes		314
V. Weiterbegebung durch den Indossatar		317
VI. Rechtsverhältniß des Bezogenen		—
VII. Der Acceptant		318
VIII. Giro an dem Acceptanten oder Indossanten		—
IX. Durchstrich des Giro's		319

§. 39. Der Wechselvertrag des Indossanten.

I. Die Erklärung des Indossanten		319
1. Zweiseitigkeit des Geschäfts		—
2. Schluß und Lieferung		—
3. Wechselversprechen		—
4. Zahlungsauftrag		320
5. Bezeichnung des Zahlungsempfängers		—
6. Anschluß des Indossamentes an den Wechsel		—
7. Das Indossament als Tratte		—
8. Die Anweisung im Indossamente		—
9. Anschluß des Indossamentes an die Grundtratte		—
10. Uebertragung der voranstehenden Indossamente durch die nachfolgenden		—
11. Der Indossatar wird nicht verpflichtet		—
12. Das Indossament als Formvertrag		321
13. Geben und Nehmen des indossirten Wechsels		—
14. Die Willensmeinung (Absicht)		—
15. Das Valutenverhältniß		—
16. Wer gilt als Indossant und als Inhaber?		322
II. Die Verpflichtung des Indossanten		—
1. Die wechselmäßige Haftung		—
2. Den Nachmännern gegenüber		—
3. Der Indossant als Kommissionär		323
4. Indossamente ohne Verpflichtung		—
5. Nicht wechselmäßige Haftung. Eviction		—
6. Die Voraussetzung der Regreßnahme		—

§. 40. Das Blankoindossament.

I. Die Form des Blankoindossamentes		323
II. Einzeichnung des Indossatars. Indossirung durch denselben		325
III. Uebertragung ohne Indossament von Seiten des Blanko-Indossatars		—
Inhaber-Qualität und deren Ausfüllung		326
IV. Legitimation des Besitzers		—
V. Ausfüllung des Blanko-Indossamentes		327
VI. Blankoindossament des Trassanten an eigene Ordre		328
VII. Wirkungen des Blanko-Indossamentes		329

		Seite
	1. Haftung des Indossanten	329
	2. Die Einreden	—
VIII.	Uebertragung ohne neues Giro	—
IX.	Valuta-Verbindlichkeit	—
X.	Ausfüllung durch den Präsentanten	—
XI.	Eigenschaft des Blanko-Indossamentes als eines ordentlichen Indossamentes	330

§. 41. Das Indossament ohne Obligo.

I.	Die Ablehnung der Regreß-Verbindlichkeit	330
II.	Umfang der Wirkung jener Klausel	331
	1. bezüglich der übrigen Indossanten	—
	2. für den Indossanten, wenn er den Wechsel wieder erwirbt und weiter girirt	—
III.	Ist ein Blanko-Indossament ohne Obligo zulässig?	—
IV.	Kann der Trassant ohne Obligo giriren?	—
V.	Muß der Nehmer eines Wechsels sich mit einem Indossament ohne Obligo begnügen?	332
	Verpflichtung des girirenden Kommissionärs	—
VI.	Inwieweit haftet der Indossant ohne Obligo?	—
VII.	Seltenheit des Indossamentes ohne Obligo	—
	Mittel für den gleichen Zweck	333

§. 42. Das Prokura-Indossament.

I.	Wesen und Inhalt desselben	333
II.	Form	334
III.	Kann ein Indossament ohne nähere Bezeichnung als Prokura-Indossament aufgefaßt werden?	—
IV.	Wirkung des Prokura-Indossamentes	335
	1. dem Indossanten gegenüber	—
	A. Verpflichtung des Indossatars	—
	B. Ansprüche des Indossatars	336
	C. Eigenthumsverhältniß	—
	2. Dritten gegenüber	—
	A. Legitimation des Indossatars	—
	B. Einreden gegen den Prokura-Indossatar	337
	C. Einrede des Acceptanten, der Kläger sei nur Prokura-Indossatar	—
V.	Die Behauptung des Indossatars, er sei nur Prokura-Indossatar	—
VI.	Wird die Wechselfähigkeit des Indossanten erfordert?	—
VII.	Erlöschen der Prokura	—

§. 43. Das Indossament nach Verfall.

I.	Wesen desselben	338
	Dasselbe steht zwischen dem eigentlichen und uneigentlichen Indossament	—
	Regelmäßige Beendigung des Giro's	—
	Zweck der nachträglichen Girirung	—
II.	Der präjudizirte Wechsel; Wirkung seiner Indossirung	339
	1. dem Acceptanten gegenüber	—
	2. gegen den nicht acceptirenden Bezogenen	—

		Seite.
3. gegen den Trassanten und die Vor-Indossanten		340
4. gegen die Nach-Indossanten		—
A. Das Nach-Indossament als neue Tratte		—
B. Der Nach-Indossant als Trassant		—
C. Regreßpflicht der Nach-Indossanten		—
III. Die Indossirung eines rechtzeitig protestirten Wechsels		341
Sie überträgt nur die bereits erwachsenen Rechte und bewirkt		
1. keine wechselmäßige Verpflichtung des Nach-Indossanten. Einrede hieraus		343
2. Der Nach-Indossatar hat keine selbstständigen Rechte		
A. gegen den Acceptanten		—
B. gegen den Trassanten		344
C. gegen die Vor-Indossanten		—
D. gegen den Bezogenen		—
E. gegen einen Nachindossanten		345
IV. Wie ist es zu halten, wenn (z. B. bei Blanko-Indossament) nicht erhellt, ob das Indossament ein Nach-Indossament ist?		—
1. bei präjudizirtem Wechsel. Ausschluß des Regreß-Anspruchs; selbstständiges Recht gegen den Acceptanten		—
2. bei rechtzeitig erhobenem Protest; Stellung des Indossatars		—
3. Beweislast bezüglich der Protesterhebung		346
4. Ungiltiger, verspäteter Protest		—
V. Rückgabe des Wechsels an einen früheren Indossatar		—
1. mit einem neuen Giro		—
2. mit Durchstrich der dazwischenliegenden Indossamente		347
3. mit einer Quittung		—

§. 44. Die Legitimation.

I. Der Besitz des Wechsels		347
II. Die Legitimation als Wechsel-Gläubiger		348
1. Zusammenstimmende Reihe von Indossamenten		—
2. Der Einfluß von Blanko-Indossamenten		349
3. Durchstrichene Indossamente		353
4. Der Indossant als Inhaber		354
5. Der Inhaber, welcher als Geber und dann als Nehmer oder mehrmals als Nehmer auf dem Wechsel erscheint		356
6. Die Legitimation durch die Form der zusammenhängenden Reihe von Indossamenten, ohne Rücksicht auf die zu Grund liegenden Verhältnisse		357
Einreden aus dem Mangel des Rechts, zu indossiren, sind nicht statthaft		—
Gegenbeweis		—
7. Muß der Zahlende die Aechtheit der Indossamente prüfen?		358
8. Prüfung der Identität des Präsentanten mit dem letzten Wechselnehmer		359
9. Zahlungs-Weigerung bei mangelnder Legitimation		—
10. Legitimation eines Bevollmächtigten, Cessionars, Ueberbringers der Quittung		—
11. Einfluß einer Lücke in der Reihe der Indossamente		360
III Legitimation desjenigen, welcher ein Recht auf den Wechsel geltend macht		361
A. Verlangen der Aussolge eines Duplikats		—

     B. Anspruch auf Ausfolge des Originalwechsels auf Grund einer Kopie 361
IV. Die Vindikation des Wechsels gegen den Inhaber . . . . . —

§. 45. Der Ort für die im Wechselverkehr vorkommenden Handlungen.

I. Zweck der im Wechselverkehr vorgeschriebenen Handlungen. Feststellung des Orts 361
II. Aufsuchen des Präsentaten in seinem Geschäftslokal . . . 362
     Was ist ein Geschäftslokal? 363
III. Präsentation in der Wohnung . . . . —
IV. Präsentation und Protestaufnahme an einem dritten Ort . 364
V. Präsentation gegen einen im Konkurs oder unter Kuratel Befindlichen 365
VI. Präsentation im Todesfall . . . . —
VII. Wenn der Präsentat nicht aufzufinden ist . . . . . —
VIII. Unrichtige Angabe des Lokals im Wechsel 366
IX. Wenn der Präsentat den Ort verlassen hat . . . . —

§. 46. Die Zeitbestimmungen für die im Wechselverkehr vorkommenden Handlungen.

I. Die wechselmäßigen Handlungen sind an den Werktagen vorzunehmen 366
  1. Der Zahlungstag, wenn der Verfalltag ein Feiertag ist . 367
  2. Endpunkt einer Frist, welche mit einem Feiertag endet . . . —
  3. Erstreckung der Protestfrist . . . . —
  4. Die bürgerlichen Feiertage . . . . —
     Verlegung eines Feiertages . . . . —
  5. Vornahme der betreffenden Handlung an einem Feiertage mit Einwilligung des Präsentaten 368
II. Lokale Zeitbestimmungen . . . . —
  1. für die Präsentation der Meßwechsel . . . . —
  2. Kassirtage . . . . —
III. Tageszeit für die Vornahme bezüglicher Handlungen. Die Geschäftsstunden . . . . —
  1. Bestimmungen an einzelnen Orten für Zahlung oder Protestaufnahme . . . . —
  2. Vornahme zu anderer Zeit mit Einwilligung der Interessenten —
IV. Die Respekttage . . . . —
     Protesttage sind nicht Respekttage . . . . —

§. 47. Das Accept.

I. Die Form des Acceptes 369
     Die Zeichnung des Namens auf der Vorderseite des Wechsels . . . . —
II. Schriftlichkeit . . . . —
III. Accept eines Duplikates (nicht einer Kopie) 370
IV. Jede Erklärung, vom Bezogenen unterschrieben, gilt als Accept —
  1. Einschränkung der Erklärung . . . . —

		Seite.
2. Unverständliche Erklärung		371
V. Accept auf der Rückseite		—
VI. Stellung auf dem Wechselpapier		—
VII. Acceptation durch Bevollmächtigte		—
VIII. Wiederholung der Angabe des acceptirten Betrages		—
IX. Durchstrichenes Accept		372
X. Das Accept zu Ehren		—
XI. Accept eines Domizilwechsels		—
XII. Accept eines Richtbezogenen und Acceptation durch eine Mehrheit von Bezogenen		—
Acceptation des Inhabers einer Firma mit seinem Familiennamen		—
XIII. Das Accept einer Ehefrau		373
XIV. Acceptation zur Zeit mangelnder Dispositionsfähigkeit		—
XV. Acceptation zur Zeit, da die Unterschrift des Trassanten noch nicht auf dem Wechsel steht (Blankoaccept)		—

§. 18. Das beschränkte Accept.

I. Das Theil-Accept		373
II. Sonstige Modifikationen		374
1. Die Verpflichtung des Acceptanten		—
A. Raten-Accept, Kündigungs-Accept, bedingtes Accept		—
B. Acceptation auf spätere Zeit		375
C. Acceptation für eine größere Summe		—
D. Acceptation mit anderem Zahlungsort		376
Beifügung einer Zahlungs-Adresse		—
2. Verhalten des Wechsel-Inhabers, wenn der Bezogene mit Einschränkungen acceptirt		—
3. Verpflichtung des Trassanten bei beschränktem Accept		377
III. Oertliche Stellung der Einschränkung im Accept		—
IV. Die Protest-Erhebung bei beschränktem Accept		—

§. 19. Die Präsentation zur Annahme.

I. Die Bedeutung der Präsentation im Wechselgeschäft		377
II. Die Tratte, ein acceptables Papier		378
1. Das Recht des Inhabers, zu präsentiren		—
2. Ist der Inhaber des Wechsels verpflichtet, denselben zur Annahme zu präsentiren?		—
3. Das Recht sofortiger Präsentation zur Annahme		379
III. Die Präsentation selbst		380
1. Der Präsentant		—
2. Der Präsentat		—
3. Der Bezogene		381
4. Einsendung der Tratte an den Bezogenen		—
5. Kann der Bezogene ansprechen, daß die Tratte eine Zeitlang in seinen Händen belassen werde?		—
6. Wiederholung der Präsentation		382
7. Weigerung der Acceptation von Seiten des Bezogenen		—
8. Präsentation bei der Nothadresse		—
9. Die Präsentation des Domizilwechsels		—
IV. Zeitfrist der Präsentation		383

		Seite.
1. Zeitsichtwechsel	. . . .	384
2. Meßwechsel	. . . .	—
3. Augsburger Acceptationsfrist	. . . .	385
V. Nachträgliche Acceptation	. . . .	—

§. 50. Der Wechsel-Protest im Allgemeinen.

A. Die Präsentation	386
B. Der Protest	—
Dessen Bedeutung	387
I. Der Protest als Beweismittel	—
1. Ausschluß von Gegenbeweis	388
2. Ausschluß von Ergänzung durch anderweite Beweise . . .	—
3. Ersatz bei Abhandenkommen der Protesturkunde	—
II. Der Protest als Regreß-Bedingung	389
III. Die Prüfung des Protestes durch den Richter (von Amtswegen)	—
IV. Aufnahme des Protestes durch einen Notar oder Gerichtsbeamten	—
V. Stellung und Verantwortlichkeit des letzteren	390
VI. Erfordernisse des Protestes	
1. Abschrift des Wechsels	391
Eine Protesturkunde für mehrere Wechsel	394
Stelle der Wechselabschrift in der Protesturkunde	—
2. Angabe, für und gegen wen Protest erhoben werde	—
3. Bericht über den Hergang	395
A. wenn der Protestat angetroffen wurde	—
a. das an ihn gestellte Begehren	—
b. die Antwort oder	397
c. deren Verweigerung	—
B. Der Abwesenheits-Protest (Platzprotest)	—
a. Muß der Grund des Nicht-Antreffens angegeben werden?	—
b. Besondere Erfordernisse	—
aa. Aufsuchung im Geschäftslokal	—
bb. in der Wohnung	398
cc. Nachfrage bei der Polizeibehörde	—
C. Protest bei rechtlicher oder physischer Unfähigkeit des Präsentaten für die wechselmäßige Handlung oder Erklärung	—
4. Die Angabe des Orts	
A. Insbesondere im Abwesenheitsprotest	399
B. Wenn die Erklärung des Präsentaten erfolgte	—
5. Das Zeit-Datum	400
6. Unterschrift und Siegel	401
7. Beurkundung über Ehrenannahme oder Ehrenzahlung	402
8. Die Protestationsklausel	—
9. Der ausländische Protest	—
VII. Anforderung an mehrere Personen	—
VIII. Prüfung des Protestes durch die Interessenten	—

§. 51. Der Protest Mangels Annahme

I. Dessen Nothwendigkeit für den Regreß Mangels Annahme . . .	403
1. bei Verweigerung der Annahme	—
2. bei beschränktem Accept	—
3. bei Abwesenheit des Bezogenen	—
4. bei Versendung eines Duplikats zur Annahme	—
II. Unterlassung und Aufschub dieses Protestes	404

		Seite.
III.	Nothwendigkeit bei einem Domizilwechsel	404
IV.	Bei einem Zeitsichtwechsel	—
V.	Bei Nothadressen	—
VI.	Der Protest gegen den Bezogenen selbst	—

§. 52. Der Regreß Mangels Annahme.

I.	Der Anspruch auf Sicherstellung	405
	1. wenn die Acceptation nicht zu erlangen ist	—
	2. wenn ein Theilaccept angeboten wird	—
	3. Einfluß der Nothadresse	—
	4. Die Art der Sicherheitsleistung	406
	A. Pfandbestellung	—
	B. Bürgschaft	—
	C. Deposition	—
	5. Sicherstellung der Kosten	—
II.	Die Verpflichtung zur Sicherheitsleistung	407
III.	Die Berechtigung der Nachmänner gegen die Vormänner	—
IV.	Wahlrecht des Berechtigten	408
V.	Die Legitimation des Regreßnehmers	—
	Notifikation des Protestes	—
VI.	Haftung nach Wechselrecht	409
VII.	Anspruch der Nachmänner des Bestellers an die bestellte Sicherheit	—
VIII.	Die Leistung gegen Ausfolge des Protestes	—
IX.	Wegfall der bestellten Sicherheit	410

§. 53. Die Ehrenannahme.

I.	Zweck der Intervention	410
II.	Accept der Nothadresse und Ehrenintervention	411
	Zulassung zur Ehrenannahme	—
III.	Die Präsentation an die Nothadressen	412
	Bei mehreren Nothadressen	—
IV.	Die Form der Ehrenannahme	—
	Wer gilt im Zweifel als Honorat?	413
	Ehrenaccept auf der Kopie	—
V.	Die Wirkung des Ehrenacceptes	—
	A. für den Ehren-Acceptanten	—
	1. Die Wechsel-Zahlung	—
	2. Die Protestkosten	—
	3. Er haftet nur den Nachmännern des Honoraten	—
	4. Erlöschen seiner Verbindlichkeit	414
	5. Anspruch des Ehrenacceptanten, welcher nicht zur Zahlung gelangt	—
	B. in Beziehung auf das Regreßrecht	—
	a. für den Inhaber und für die Nachmänner des Honoraten	415
	b. für den Honoraten und dessen Vormänner	—
VI.	Obliegenheit des Ehren-Acceptanten	—
	1. Verlangen der Ausfolge des Protestes	—
	2. Beurkundung der Intervention in demselben	—
	3. Notifikation	—

§. 54. Die Sicherheitsleistung wegen Unsicherheit des Acceptanten.

	Seite.
I. Die Nothwendigkeit einer Sicherheitsleistung	415
II. Die Fälle der Sicherheitsleistung	416
1. Konkurs des Acceptanten	417
2. Die Zahlungs-Einstellung	—
3. Die Fruchtlosigkeit einer Exekution	—
4. Verfügung des Personalarrests	—
III. Die zur Sicherheitsleistung verpflichtete Person	—
1. Der Acceptant	—
2. Der Vormann des Wechselinhabers	418
3. Der Avalist	—
IV. Bedingungen der Regreßnahme	—
1. Voraussetzung Seitens des Wechselinhabers	—
A. Anforderung an den Acceptanten	—
B. Protest	—
C. Bezüglich der Nothadressen	—
a Verlangen der Annahme	419
b. Protest	—
2. Geltendmachung des Anspruchs auf Sicherheit. Vorzeigung und Ausfolge des Protestes	—
V. Der Berechtigte	—
1. dem Acceptanten gegenüber	—
a. Legitimation zur Klage	—
b. Legitimation zu Empfang der Sicherheit und zur Protesterhebung	—
2. dem Nothadressaten gegenüber	—
3. dem Vormann gegenüber	—
VI. Einwendungen des Belangten	—
VII. Anwendbarkeit der allgemeinen Grundsätze über die Regreßnahme	420

§. 55. Die Verfallzeit des Wechsels.

I. Bedeutung der Verfallzeit	—
II. Eintritt der Verfallzeit	—
Deren Berechnung	—
Verfall auf einen Sonn- oder Feiertag	—
Hamburger Bankschluß	422
Rechnung nach altem Styl	—
III. Respekttage, Protestfrist	423
IV. Zahltage (Kassirtage)	—
V. Acceptation auf eine spätere Zeit	424
VI. Einfluß der Prolongation	—

§. 56. Die Präsentation zur Zahlung.

I. Nothwendigkeit der Präsentation zur Zahlung	—
Sie wird nicht durch Protest Mangels Annahme überflüssig	425
Der Bezogene zahlt nur auf Präsentation	—
II. Der Präsentant. Dessen Legitimation	—
Der Inhaber des Wechsels	—
Der Wechsel-Gläubiger	—

	Seite
Der Beauftragte	426
Der Erbe	—
Der Ehemann	—
III. Der Präsentat	—
1. Der Domiziliat	—
2. Die Zahlungs-Adresse	—
3. Der Bezogene	—
4. Der Nothadressat. Der Ehrenacceptant	427
5. Der Avalist	—
IV. Der Ort der Präsentation	—
Der Zahlungsort	—
Der Domizilort	428
Der vom Acceptanten beigefügte Zahlungsort	—
Der Meßort	—
Das Lokal	—
V. Die Zeit der Präsentation	—
Wirkung eines Indossaments nach Verfall	—
VI. Die Form der Präsentation	429
1. Präsentation des Originalwechsels	—
Duplikate, Kopien	—
2. Auslieferung des quittirten Wechsels	—
VII. Erfolglosigkeit der Präsentation	—
Protesterhebung. Unterlassung derselben	—
VIII. Voraussetzung in Betreff des Zahlungs- und des Begebungs-Vertrages	—
IX. Der Wille des Trassanten. Avis und Kontreordre	430

§. 57. Die Zahlung.

	Seite
I. Die Art der Zahlung	—
1. Die genaue Bezeichnung der Geldsorte im Wechsel	—
2. Die Angabe einer nicht kursirenden Sorte	431
Der Beisatz „effectiv"	—
Die Angabe einer Rechnungswährung	—
3. Die Unterlassung genauer Bezeichnung der Geldsorte	—
a. Platzgebrauch oder Gesetz	—
b. Die zulässigen Zahlungsmittel für Wechselzahlung	—
Verbindlichkeit zu Annahme von Gold	432
4. Zahlung durch Abrechnung (Bankokonto)	—
II. Anspruch auf volle Zahlung	433
1. Leistung einer Theilzahlung	—
Deren Anerbieten nach erhobenem Protest	—
2. Unzulässigkeit eines Abzugs (Provision) von Seiten des Zahlenden	—
3. Annahme zum Kurs	—
4. Zinsen vom Verfalltage	434
III. Zahlung gegen den Wechsel	—
1. an den (durch den Wechsel) legitimirten Präsentanten	—
2. gegen Auslieferung der Tratte	—
3. Quittirung auf dem Wechsel	435
Abschreiben einer Theilzahlung	—
Durchstreichen des Acceptes	—
IV. Die Zeit der Zahlung	—

		Seite.
	1. Zahlung vor Verfall	435
	2. Zahlung nach Verfall	436
	a. Verpflichtung und Berechtigung des Acceptanten	—
	b. Deckungs-Anspruch des Bezogenen bei Zahlung nach Verfall	—
	3. Die Zahlung innerhalb der Protestfrist	437
	4. Deposition der Wechselsumme	—
V.	Die Wirkung der Zahlung	—
	1. Anspruch auf Deckung	—
	2. Tilgung der Verbindlichkeit des Acceptanten	—
	3. Befreiung der übrigen Wechselschuldner	—
VI.	Die nachträgliche Zahlung	438
VII.	Verzug des Wechselschuldners	—
VIII.	Der Klag-Anspruch gegen den Acceptanten	439
IX.	Rückforderung einer geleisteten Zahlung	—

§. 58. Die Deponirung der Wechselsumme.

I.	Die zur Deposition Berechtigten	440
	1. Der Acceptant	—
	2. Der Regreßschuldner Mangels Annahme	441
	3. Der Eigenthümer eines abhanden gekommenen Wechsels	—
	4. Andere Fälle der Deponirung	—
II.	Bedeutung der Deponirung; sie ist nicht Zahlung	—
	Zurücknahme der deponirten Summe	—
III.	Wirkung der Deponirung	—
	1. Die Zins-Verbindlichkeit	442
	2. Die Gefahr der Wechselsumme	—
	Kursveränderung	—
	3. Einfluß auf den Regreß	—
IV.	Zeitpunkt der Deponirung	—
V.	Verpflichtung zur Deponirung	443

§. 59. Die Ehrenzahlung.

I.	Zweck der Ehrenzahlung	443
II.	Der Honorat	—
	1. Wer ist Honorat?	—
	A. Zu wessen Ehren kann die Zahlung geschehen?	—
	B. Für wen ist die Zahlung geleistet?	444
	2. Die Wirkung der Zahlung für den Honoraten	—
	a. Befreiung von der Regreßverbindlichkeit	—
	b. Erwerb von Wechselansprüchen	—
	3. Verpflichtung des Honoraten	—
	a. Deckung des Ehrenzahlers	—
	b. Regreßpflicht	—
III.	Wer kann interveniren?	445
	Anspruch des Ehrenacceptanten, welcher nicht zur Zahlung gelangt	—
IV.	Verpflichtung des Wechsel-Inhabers (wenn der Bezogene nicht zahlte)	446
	1. zu Präsentation und Protest bei Nothadressen und Ehrenacceptanten	—

		Seite.
Folge der Unterlassung: Verlust des Regresses		446
A. gegen den Nothadressanten		447
B. gegen den Honoraten		—
C. gegen deren Nachmänner		—
2. zu Annahme der Intervention eines Dritten		448
3. zu Auslieferung des Protestes an den Ehrenzahler		—
V. Eintritt des Ehrenzahlers in die Rechte des Inhabers		449
1. gegen den Honoraten		450
2. gegen dessen Vormänner		—
3. gegen den Acceptanten		—
VI. Ist der Ehrenzahler zur Notifikation an den Honoraten verpflichtet?		—
VII. Befreiung der Nachmänner des Honoraten		—
VIII. Die Vormänner des Honoraten		451
1. deren Regreßpflicht		—
A. gegen den Ehrenzahler		—
B. gegen den Honoraten		—
2. Ansprüche der Vormänner des Honoraten		—
IX. Erbieten Mehrerer zur Ehrenzahlung		—
1. Intervention für den Acceptanten, Trassanten, Indossanten		452
2. Mehrere, welche zu Ehren desselben Honoraten interveniren wollen		—
3. Nichtangabe eines Honoraten		—
4. Einrede des Erbietens einer vorgehenden Intervention		—
5. Verpflichtung, einem andern Intervenienten zu weichen		—
6. Reihenfolge des Protests bei mehrern Nothadressen		453

§. 60. Der Interventions-Protest.

I. Hauptprotest und Interventionsprotest Mangels Zahlung		454
II. Protest Mangels Annahme		—
1. Hauptprotest Mangels Annahme		—
a. für den Ehrenacceptanten		—
b. für den Wechselinhaber		455
2. Interventionsprotest Mangels Annahme		—
III. Protest Mangels Zahlung		—
1. Der Hauptprotest		—
A. dessen Bedeutung für den Intervenienten		—
B. für den Wechsel-Inhaber		456
2. Der Interventionsprotest		—
IV. Nachweis der geleisteten Zahlung		457

§. 61. Der Protest Mangels Zahlung. Nothwendigkeit desselben.

I. Gegenüber dem Acceptanten eines bestimmt domizilirten Wechsels		458
II. Für den Regreß		—
1. wenn der Bezogene die Zahlung verweigert oder nicht zu treffen war		—
2. wenn er nicht trassirtermaßen zahlt		459
A. bei einer Theilzahlung		—
B. wenn nicht in der vorgeschriebenen Geldsorte bezahlt wird		—
C. wenn der Bezogene nicht für Rechnung des Trassanten zahlen will		—

		Seite.
3. wenn das Duplikat nicht honorirt wird		459
4. bei der Nothadresse oder dem Ehrenacceptanten		460
5. Wenn der Bezogene Ausländer ist		—
6. Zur Regreßnahme gegen den Nach-Indossanten		—
III. Fällt die Nothwendigkeit durch den Protest Mangels Annahme oder einen Sekuritätsprotest weg?		—
IV. Bei rechtlicher Unmöglichkeit der Zahlung (Konkurs)		—
V. Bei trassirt-eigenen Wechseln		461
VI. Domizilirung bei dem Trassanten		—
VII. Bedarf es eines Protestes gegen den Acceptanten?		—
1. bei Domizilirung von Seiten eines Dritten		462
2. bei einer Zahlungsadresse am Ort des Bezogenen		463
Deren Beifügung durch den Acceptanten		—
3. bei Angabe eines andern Zahlungsortes durch den Acceptanten		—
4. im Falle der Domizilirung bei dem Trassanten, welcher zugleich Inhaber ist		464
5. wenn der Domiziliat Inhaber ist		—
6. bei unbestimmt domizilirtem Wechsel		—
7. bei dem nicht domizilirten Wechsel		—
8. bei Protesterlaß		465
VIII. Haftung des Acceptanten für die Protestkosten		—
IX. Protesterhebung des Prokura-Indossatars, Pfandgläubigers, Bevollmächtigten		—

§. 62. Der Protesterlaß.

I. Die Klausel „ohne Protest", — „ohne Kosten" —		466
II. Wirkung derselben		467
1. in Betreff der Präsentation		—
a. Wegfall des Protestes		—
b. Vermuthung (Präsumtion) der Präsentation		—
2. in Betreff der Notifikation		468
3. in Beziehung auf welche Regreßpflichtigen tritt die Wirkung ein?		—
A. Die nichtbetheiligten Regreßpflichtigen		—
B. Die Nachmänner		—
4. Ist der Inhaber des Wechsels an die Klausel gebunden?		—
Verbindlichkeit des Urhebers der Klausel		—
a. für Protestkosten		—
b. für Provision		—
III. Wann muß die Klausel auf den Wechsel gesetzt werden?		—
IV. Der Acceptant als Urheber der Klausel		469
V. Erlaß des Protestes Mangels Annahme		—

§. 63. Die Aufnahme des Protestes Mangels Zahlung

I. Wer ist zu Ertheilung des Protest-Auftrages legitimirt?		470
II. Legitimation mittelst einer Quittung		—
III. Hat der protestirende Notar Wechselzahlung anzunehmen?		471
IV. Zahlungsanerbieten nach erhobenem Protest		—
V. Protest gegen einen im Konkurs Befindlichen		472

		Seite
VI.	Protest, wenn der Bezogene (oder Domiziliat) gestorben ist . . .	472
VII.	An welchem Tage kann Protest erhoben werden?	—
VIII.	In welchem Lokal ist zu protestiren?	473
	Wirkung des Domizil-Vermerks	474
	Der unbestimmt domizilirte Wechsel	475
	Die Zahlungsadresse Seitens des Acceptanten	—
IX.	Verhalten wenn der Protestat nicht anzutreffen ist	476
X.	Wenn derselbe nicht aufzufinden ist	—
XI.	Ort der Protesterhebung	477
	1. Uebersiedlung	—
	2. Beifügung eines andern Zahlungsortes durch den Acceptanten	—
	3. Domizilirte Wechsel	—
XII	Allgemeine Orts- und Zeit-Bestimmungen	—
XIII.	Mängel des Protestes	478
	Abhandenkommen der Protesturkunden	—
XIV.	Nothadressen und Ehrenaccept	—
XV.	Obliegenheit in Betreff des Stempels	—

§. 64. Die Protestfrist.

I.	Verfrühter Protest	—
II.	Protest zu Anfang der Protestfrist	479
	Gegentheilige Usanz	—
III.	Protest nach dem Verfalltag	—
IV.	Der letzte Protesttag	—
V.	Ist die Tratte (des Ausstellers) oder das Accept maßgebend? . .	—
VI.	Protest eines Sichtwechsels	—
VII.	Einfluß der Prolongation	481
VIII.	Nothadresse und Ehrenaccept	—
IX.	Der nach Verfall indossirte Wechsel	—
X.	Der Meßwechsel	—
XI.	Kassirtage	482
XII.	Ausländischer Protest	—
XIII.	Rechtzeitige Präsentation durch den Protest konstatirt . . .	—

§. 65. Die Notifikation des Protestes.

I.	Die Bedeutung der Notifikation	—
II.	Die Verpflichtung zur Notifikation	—
III.	Wer ist verpflichtet?	483
	1. der letzte Indossatar	484
	2. der benachrichtigte Vormann	—
	3. der Prokura-Indossatar als Wechsel-Inhaber . . .	—
	4. der Inhaber eines Blanko-Indossaments	485
	5. der Vormann des Acceptanten	—
IV.	Die Unterlassung der Notifikation	—
	1. wenn der Indossatar selbst nicht benachrichtigt wurde . .	—
	2. wenn der Vormann die Nachricht nicht weiter gab . .	—
	3. Der Nachmann, welcher die Nachricht nicht weiter gab . .	—

		Seite.
V. Inhalt der Notifikation	. . . .	486
VI. Die Form der Notifikation	. . . .	—
1. Aufgabe des Schreibens zur Post	. . . .	—
2. Mündliche Benachrichtigung	. . . .	—
VII. Rechtzeitigkeit der Notifikation	. . . .	—
1. nach erhobenem Protest	. . . .	—
2. wenn der Protest erlassen war	. . . .	—
3. Frist für den benachrichtigten Indossanten	. . .	487
4. Einfallende Feiertage	. . . .	—
VIII. Folgen der Versäumniß	. . . .	—
1. in Betreff der Zinsen und Kosten	. . . .	—
2. Schadenersatz	. . . .	—
3. Eintritt dieser Folgen für den Nachmann	. . . .	—
A. bei Unterlassung der Notifikation	. . . . .	—
B. wenn er die Nachricht nicht an den unmittelbaren Vormann richtete		—
IX. Beweis der Notifikation	. . . .	488
1. Der letzte Wechselinhaber als Kläger	. . . . . .	—
a. Behauptung rechtzeitiger Benachrichtigung	.	—
b. Nachweis durch Postattest	. . . .	—
c. Gegenbeweis	. . . .	—
2. Der Indossant als Kläger	. . . .	—
A. wenn er die Notifikation erhielt	. . . . . .	—
B. wenn er nicht benachrichtigt war	. . . . .	489
3. Begründung der Schadenersatzforderung	. . . .	—
X. Die Bemühung des Wechselinhabers	. . . .	—
§ 66. Der Regreß Mangels Zahlung.		
Der Regreßfall und die Regreßnahme Mangels Zahlung	. .	489
I. Der Regreßschuldner	. . . .	490
II. Der Regreßgläubiger	. . . .	—
III. Der Regreßanspruch. Die Regreßsumme	. . . .	—
1. Der Werth der Wechselsumme	. . . .	—
2. Unkosten	. . . .	—
3. Provision	. . . .	—
4. Zinsen	. . . .	—
Berechnung. Interesse; Schadenersatz	. . . .	—
IV. Voraussetzung (Bedingung) der Regreßnahme	. . . . .	491
V. Begründung (Nachweis) des Regreßanspruchs	. . . . .	—
1. Protest	. . . .	—
2. Notifikation	. . . .	492
3. Vorlage des Wechsels	. . . .	—
VI. Reihenfolge der Regreßnahme	. . . .	—
1. Wahlrecht des letzten Indossatars	. . . .	—
2. Wahlrecht des Indossanten	. . . .	493
3. Wahlrecht des Ehrenzahlers	. . . .	—
VII. Wegfall des Regreßanspruchs	. . . .	—
1. durch Unterlassung des Interventionsprotestes	. .	—
2. durch Zurückweisung der Ehrenzahlung	. . . . .	—
VIII. Eintritt des Ehrenzahlers in die Regreßrechte	. . . .	—
IX. Die Regreßnahme selbst. Der gemeine Regreß	. . . .	—

	Seite.
Auslieferung des Wechsels, Protestes und der Retourrechnung	494
Regreßnahme durch Gegenrechnung	—
X. Durchstreichen des eigenen und nachfolgender Indossamente	—
XI. Wirkung der Regreß-Leistung.	—
Geltendmachung des dem Wechsel unterliegenden Guthabens gegen den Vormann	495
XII. Der Anspruch gegen den Acceptanten eines bestimmt domizilirten Wechsels	—

§. 67. Die Regreßansprüche des letzten Wechselinhabers.

I. Die Regulirung derselben	495
II. Die einzelnen Sätze	496
1. die Wechselsumme nach Kurs	—
2. Zinsen	497
3. Protestkosten	—
4. Auslagen	—
5. Provision	—
6. Kosten des Rückwechsels	—
7. Die Regreßsumme nach Kurs	—
A. Kurs eines Sichtwechsels auf den Begebungsort	499
B. Kurs auf einen andern Platz	—
C. Welches ist der Begebungsort?	499
D. Bescheinigung über den Kurs	—
E. Der Verfalltag bestimmt den Kurs	—
8. Höhere Sätze bei Regreß ins Ausland	—
III. Verschiedenheit der Regreßschuldner	500
IV. Verschiedenheit der Regreßnehmer	—

§. 68. Die Regreßansprüche des Indossanten.

I. Die Regreßleistung des Indossanten	500
II. Die ihm gutkommende Regreßsumme	501
1. die von ihm vergütete Regreßsumme	501
2. Zinsen	—
3. Kosten	502
4. Provision	—
5. Kosten des Rückwechsels	503
6. Die neue Regreßsumme. Kurs	—
7. Regreß auf einen ausländischen Ort	504
III. Die Regreßnahme gegen einen Indossanten oder gegen den Trassanten	—
IV. Regreßanspruch des nachfolgenden Regreßnehmers	—
V. Regreß gegen einen Recta-Indossanten	—

§. 69. Die Regreßansprüche des Ehrenzahlers.

I. Beschränkung dieser Ansprüche; sie gehen nicht gegen die Nachmänner des Honoraten. Vorrang eines Intervenienten . . .	504
Versäumniß des Interventions-Protestes	505
II. Wahrung des Regresses bei der Ehrenzahlung	—
1. durch Protest	—

	Seite.
2. durch Beachtung der Rangordnung der Intervenienten	505
III. Wahlrecht des Regreßnehmers	—

§. 70. Die Retourrechnung und der Rückwechsel.

	Seite.
I. Die Retourrechnung	505
1. Form und Inhalt der Retourrechnung	—
2. Aushändigung an den Regreßschuldner	506
3. Retourrechnung mit oder ohne Rückwechsel	—
4. Retourrechnung eines nachfolgenden Regreßnehmers	—
5. Vermehrung der Ansätze durch Zwischenregresse	—
II. Der Rückwechsel	507
1. Befugniß des Regreßberechtigten	—
2. Die Wechselsumme des Rückwechsels	508
3. Fassung des Rückwechsels	—
A. auf Sicht	—
B. a drittura	—
4. Begebung des Rückwechsels	—
A. mit Belegen	—
B. als einfache Tratte	—
5. Werth des Rückwechsels. Kurs. Diskont.	—
6. Regreßleistung des nicht einlösenden Retraffaten	—
7. Gleichstellung des Rückwechsels mit der gewöhnlichen Tratte	—

§. 71. Die unaufgeforderte Einlösung des Wechsels. 509

	Seite.
I. Die Befugniß des Wechselschuldners	510
1. Zahlungserbieten eines Regreßschuldners	511
2. Einlösung durch den Acceptanten	—
II. Der Bezogene, welcher nicht acceptirte	—
III. Der Intervenient	—
IV. Einlösung eines präjudizirten Wechsels	—
V. Wirkung der Einlösung	—
A. Seitens des Acceptanten	—
B. Von Seiten des Indossanten	512
C. Einlösung durch den Trassanten	513
D. Intervention	—
VI. Erbieten Mehrerer zur Einlösung	—
VII. Einlösung des Wechsels bei einem Vormann des letzten Inhabers	—

§. 72. Die Prolongation.

	Seite.
I. Die nothwendige Prolongation	514
Bei Meßwechseln durch Verlegung der Messe	—
Zeitverhältnisse; Krieg	—
II. Die freiwillige Prolongation	—
1. Stundung	—
2. Liquidität derselben	515
3. Beginn der Prolongationsfrist	—
Prolongation ohne Zeitbestimmung	—
4. Prolongation über die Verjährungsfrist hinaus	—
III. Prolongation in Form einer neuen Wechselerklärung	516
IV. Acceptation auf spätere Zeit	—

		Seite.
V. Wahrung des Regresses		516
1. Rechtzeitiger Protest		517
2. Protest bei einem Nachindossament mit Prolongation		—
3. Rechte des Prolongirenden aus dem Protest		—

§. 73. Der Diskont.

I. Bedeutung des Wortes „Diskont"		517
II. Die Größe des Diskonto		518
III. Diskont-Geber und Nehmer		519
IV. Das dem Diskontiren zu Grunde liegende Geschäft		520
V. Haftbarkeit des Diskontgebers		—
VI. Die Diskonto-Zahlung		—
VII. Recht auf Diskont-Abzug		—

§. 74. Der präjudizirte Wechsel.

Wann heißt der Wechsel präjudizirt?	521
I. Mangel eines gehörigen Protestes	—
Unverschuldete Unterlassung; höhere Gewalt	—
Eingreifen der Gesetzgebung	—
II. Präjudizirung gegenüber dem Indossanten, dem Trassanten	522
III. Prima, Sekunda u. s. f. präjudizirt	—
IV. Einlösung eines präjudizirten Wechsels durch den Indossanten	—
V. Haftbarkeit einzelner Vormänner	—
1. Indossament nach Verfall	—
Indossament kurz vor Ablauf der Protestfrist	—
2. Protest-Erlaß	523
VI. Einlösung des präjudizirten Wechsels durch einen Vormann	—
1. dessen Anspruch gegen den Acceptanten	—
2. Ersatzverbindlichkeit des Trassanten	—
VII. Zurückforderung der Deckung	—

§. 75. Die Verjährung der Wechselrechte.

Bedeutung der Verjährung	523
Verschiedenheiten der Verjährungsfristen	524
I. Der Anspruch gegen den Acceptanten	—
1. Beginn der Verjährungsfrist mit dem Verfalltag	—
2. Bei Acceptation auf einen spätern Zeitpunkt	—
3. Der Acceptant eines Sichtwechsels	525
4. Der Ehrenacceptant	—
5. Der Acceptant eines domizilirten Wechsels	—
6. Vollendung der Verjährung	—
II. Die Regreßforderung	—
Begebung im Inland	—
A. Die Regreßansprüche des protestirenden Inhabers	526
1. Dauer der Verjährungsfrist	—
2. Beginn und Vollendung derselben	—
B. Die Regreßansprüche des Indossanten	527
1. Dauer der Verjährungsfrist	—
2. Beginn und Vollendung derselben	—

a. bei Einlösung ohne Klage	528
b. nach erhobener Klage	—
c. Beweislast	—
C. Die Ansprüche des Intervenienten	—
3. Bei präjudizirtem Wechsel	529
III. Unterbrechung der Verjährung	—
1. Grund der Unterbrechung	—
A. Behändigung der Klage und Ladung	530
a. Zweck der Klage	—
b. Behändigung an den richtigen Beklagten	—
c. Die Ladung (Vorladung) des Beklagten	—
B. Streitverkündigung	531
Behändigung derselben	—
Der Anspruch des Litisdenunziaten gegen seine Vormänner	—
C. Handlungen, die nicht zur Unterbrechung geeignet sind	—
a. Präsentation, Protest; Mahnung	—
b. Anerkenntniß; Vertrag; Prolongation; neue Wechselerklärung	532
c. Anbringung der Klage	—
d. Eröffnung des Konkurses	—
2. Gegen wen ist die Unterbrechung wirksam?	—
a. die Vormänner des Beklagten	—
b. die Nachmänner	—
c. der Acceptant	533
3. Wirksamkeit der Unterbrechung zu Gunsten anderer Wechselgläubiger	—
4. Beginn einer neuen Verjährung	—
5. Beendigung derselben	—
IV. Die Wirkung der vollendeten Verjährung	534
1. Erlöschen der Forderung	—
Wegfall der Klage	—
2. Gilt der Wechsel als Schuldschein?	—
3. Gilt er als bezahlt?	—
4. Ansprüche aus Bereicherung	—
5. Ansprüche aus dem unterliegenden Verhältniß	—
6. Befreiung der Vormänner	—

§. 76. Die Fälschung des Wechsels.

Allgemeiner Grundsatz	535
I. Die falsche Tratte	—
1. Der angebliche Trassant	536
2. Der betrüglich handelnde Geber	—
3. Das echte Accept auf der falschen Tratte	—
4. Die echten Indossamente	—
II. Die verfälschte (nachgehends veränderte) Unterschrift	537
III. Wechsel mit falschem Accepte	—
IV. Das falsche Indossament	538
1. Nachindossatare und Nachindossanten	539
2. Vorindossatare und Vorindossanten	—
3. Der Nehmer des falschen Indossamentes	—
4. Der Geber des falschen Indossamentes	—
5. Findet eine Einrede wegen Fälschung eines Indossamentes statt?	—

V. Die verfälschte Tratte 539
1. Der Traffant 540
2. Der Indoffant .... —
3. Der Acceptant .... —

§. 77. Kellerwechsel und Wechselreiterei.
I. Der Kellerwechsel 541
II. Der Proformawechsel 542
III. Die Wechselreiterei .... —

§. 76. Das Abhandenkommen eines Wechsels.
Bedeutung des Wechselpapiers 544
I. Das Recht des dritten Inhabers .... —
   A. Legitimation 545
   B. Böfer Glaube oder Fahrläffigkeit des Erwerbers .... —
     1. Böfer Glauben .... —
     2. Fahrläffigkeit .... —
       a. in Betreff der Identität des letzten Nehmers mit dem Inhaber 546
       b. Prüfung der Befugniß des Indoffanten ..... —
       c. Legitimation eines Vertreters .... —
       d. Verhalten bei Diebstahls-Verdacht ...... —
     3. Grad der schuldigen Achtsamkeit .... —
II. Der Rechtsanspruch des Verlierers .... —
     1. Beschränkung auf diesen selbst .... —
     2. Seine Legitimation 547
     3. Der mittelbare Vormann des Inhabers ..... —
III. Verpflichtung aus einem bereits einkaffirten oder weiterbegebenen Wechsel .... —
IV. Maßnahme bei Abhandenkommen eines Wechsels ..... —
V. Das Amortisations-Verfahren 548
     1. Anbringung des Gesuchs .... —
       A. Die Belege .... —
       B. Das Verfahren 549
     2. Activ-Legitimation durch Einleitung des Amortisationsverfahrens .... —
     3. Die Passiv-Legitimation (Beweis der Acceptation) ... —
     4. Verfahren im gewöhnlichen (nicht Wechsel-) Prozeß ... —
     5. Geltendmachung der Einreden des Acceptanten ... 550
     6. Anspruch des Eigenthümers gegen den Acceptanten nach Einleitung des Verfahrens .... —
       A. auf Zahlung gegen Sicherheitsleistung ..... —
       B. Deposition 551
     7. Verjährung der Ansprüche .... —
     8. Streitverkündigung von Seiten des legitimirten Inhabers an den Verlierer .... —
       A. Ansprüche aus Verzögerung der Zahlung .... —
       B. Schadloshaltung des Acceptanten .... —
VI. Beschränkung der Amortisation auf acceptirte Wechsel ... —
   Die Amortisation findet statt:
     1. gegen den Acceptanten .... —
     2. nicht gegen den Ehrenacceptanten .... —
     3. nicht gegen den Traffanten oder Indoffanten 552

Inhaltsverzeichniß.

VII. Anspruch des Verlierers gegen Trassanten und Indossanten auf ein Duplikat 552
   1. Regreßnahme Mangels Zahlung . . . . —
   2. Regreß Mangels Annahme . . . . —
   3. Beibringung eines neuen Protestes . . . . —
VIII. Die Befreiung des Acceptanten . . . . —
IX. Abhandenkommen von Duplikaten oder Kopien . . . . —
X. Die Ausstellung eines neuen Wechsels . . . . —

§. 79. Die Klagrechte aus Wechseln.

Die wechselmäßigen Ansprüche 553
I. Wechselschuldner 554
   A. Der ursprüngliche Schuldner . . . . —
   B. Der Rechtsnachfolger . . . . —
II. Solidarische Verbindlichkeit . . . . —
III. Wechselgläubiger 555
IV. Der Vertreter des Wechselschuldners . . . . —
   Wechselerklärung eines angeblichen Bevollmächtigten 556
V. Theilhaber einer Handelsgesellschaft . . . . —
VI. Die im Ausland gegebene Wechselerklärung . . . . . . —
VII. Voraussetzungen der Ausübung der Klagrechte . . . . —
   (Anforderung an den Schuldner) . . . . —
   1. gegen den Acceptanten. Präsentation . . . . . —
   2. Die Regreßnahme. Protest. Notifikation 557
VIII. Die Klagsumme. Nebenforderungen . . . . —
IX. Die Zinsen 558
   A. aus der Regreßforderung . . . . —
   1. Die Zinsen sind nicht Verzugszinsen . . . . . —
   2. Der Zinsfuß . . . . —
   B. Anspruch gegen den Acceptanten . . . . —
X. Spesen und Kosten . . . . —
   1. Auslagen; Porti, Stempelgebühren . . . . . . —
   2. Protestkosten . . . . —
   3. Prozeßkosten 559
XI. Provision . . . . —
XII. Die Befreiung des Wechselschuldners 560
   1. Zerstörung der Wechselform . . . . —
   2. Verlust des Wechsel-Papiers . . . . —
   3. Einlösung des Wechsels . . . . —
   4. Zahlung . . . . —
   5. Präjudizirung und Verjährung . . . . —
   6. Tod eines Wechselschuldners . . . . —

§. 80. Die Einreden gegen eine Wechselforderung.

I. Das Bestreiten der Klage und die eigentliche Einrede 561
II. Zulässigkeit der Einrede . . . . —
   A. Die Unabhängigkeit der Wechselverbindlichkeit von den außerhalb des Wechsels liegenden Verhältnissen . . . 562
   B. Beachtung von Treu und Glauben . . . . —
   C. Nichtberücksichtigungen der Beziehung zu Dritten . . —

		Seite.
D)	Einreden aus dem Verhältniß des Beklagten zu dem Kläger	562
E.	Liquidität	563

III. **Die einzelnen Einreden** . . . . —
   1. Einrede der Simulation 564
   2. Einrede der Zusage, den Trassanten nicht zu belangen . —
   3. Einrede des Acceptanten, der Wechsel sei nur zur Sicherheit für Kommissionswaare acceptirt . . . . —
   4. Einrede, der Wechsel sei nur als Kaution übergeben . . —
   5. Einrede, der Unterzeichner habe keine Verbindlichkeit einzugehen beabsichtigt, habe nur als Zeuge unterzeichnet . . 565
   6. Einrede, Kläger sei nur Inkasso-Indossatar oder Nachindossatar und müsse sich Einreden aus der Person seines Indossanten gefallen lassen 566
   7. Einrede mangelnder Legitimation des Klägers 567
   8. Einrede der Fälschung . . . . —
   9. Einrede, es sei ein Blankett unterschrieben oder der Inhalt des Wechsels abgeändert worden 568
  10. Die Einrede der Zahlung 569
  11. Einrede der Kompensation 577
  12. Einrede des Nachlasses . . . . —
  13. Einrede der Bewilligung eines Zahlungsaufschubs . . . —
  14. Einrede der Verjährung und der rechtskräftig entschiedenen Sache 578
  15. Einrede der Kassation (z. B. Durchstrichs) der Wechselerklärung . . . . —
  16. Einrede der Kontreordre . . . . —
  17. Einrede des Mangels der Wechselfähigkeit 579
  18. Einrede des Beklagten, der Wechsel betreffe eine Privatschuld seines Theilhabers 580
  19. Einreden aus dem unterliegenden Verhältniß . . . . . —
  20. Einrede der Unredlichkeit im Allgemeinen 581
  21. Einrede des Nichtempfangs der Valuta 582
  22. Einrede der Nichtberichtigung der Deckung 584
  23. Einrede des nicht erfüllten Vertrags . . . . —
  24. Einrede daß Kläger vertragswidrig klage . . . . . . —
  25. Einrede daß für den eingeklagten Wechsel ein Gegenwechsel gegeben sei 586
  26. Einrede daß der Wechsel nicht begeben oder daß er unter einer Bedingung gegeben . . . . —
  27. Einrede der Intercession einer Frau . . . . —
  28. Einrede der Ungiltigkeit des unterliegenden Geschäftes . 587
  29. Einrede des Betruges . . . . —
  30. Einrede des Irrthums . . . . —
  31. Einrede des Zwanges 588
  32. Einrede des Wuchers . . . . —
  33. Einreden aus der Person eines Vormanns . . . . . . —
  34. Einrede der gerichtlichen Beschlagnahme der Wechselforderung 589
  35. Einreden, welche dem Kläger durch Dritte erwachsen sind, jedoch dem Beklagten unmittelbar gegen den Kläger zustehen . . . . —

§. 81. **Der Prozeß.**

Die prozessualische Wechselstrenge. Der Wechselprozeß   589

		Seite
Ansprüche, welche nicht im Wechselprozeß geltend zu machen sind		589
I. Das zuständige Wechsel-Gericht		590
A. Für die Klage des Acceptanten		—
B. Die Regreßklage		—
C. Klagenhäufung		591
II. Die Legitimation des Klägers		—
A. Sachlegitimation		—
1. Vorlegung des Wechsels		592
2. Einlösung des Wechsels		—
3. Legitimation durch Blankoindossament		—
4. Glaubwürdigkeit der Indossamente		—
5. Ertheilung des Protestauftrages		593
6. Der Inhaber des Rückwechsels		—
B. Die Prozeßlegitimation		—
1. Vollmacht		—
2. Prokura-Indossament		—
3. Protesterhebung durch den Anwalt		—
III. Passivlegitimation		—
Nach einem Konkurs des Schuldners		594
IV. Anbringung der Klage		—
1. Die anzuführenden Thatsachen		—
2. Spezifikation der Ansprüche		—
3. Vorzulegende Belege		—
4. Die Einreichung der Klage und der Belege		595
V. Die Ladung. Behändigung der Klage		—
1. Anberaumung des Termins		—
2. Ediktalladung		—
VI. Vorläufige Sicherstellung		—
VII. Termin (Tagfahrt) zur Verhandlung der Sache		596
A. Nichterscheinen des Beklagten		—
B. Erscheinen beider Parteien		—
C. Nichterscheinen des Klägers		597
VIII. Einreden		—
IX. Stattgeben der Klage von Seiten des Beklagten		—
X. Streitverkündigung		—
XI. Repliken		599
XII. Duplik		—
XIII. Der Beweis		—
A. Die Beweislast		—
a. Beweisobliegenheit des Klägers in Betreff der Klage		—
1. in Betreff der Wechselerklärung in ihrer Echtheit		—
2. in Betreff des Protestes		—
der Notifikation und Retourrechnung		—
b. Beweislast des Beklagten		599
c. Beweis der Repliken		—
B. Die Beweismittel		—
1. öffentliche Urkunden		—
2. Privaturkunden		—
3. Zugeständniß		—
4. Gerichtlicher Augenschein		—
5. Zeugenvernehmung		600

		Seite.
	6. Eidesʒuſchiebung	600
XIV.	Insbeſondere vom Diffeſſionseid	—
	1. Inhalt deſſelben	—
	2. Ableiſtung durch Erben	—
	3. Beſchränkung auf die eigene Wechſelerklärung	601
	4. Folge der Verweigerung und Ableiſtung	—
XV.	Urtheil und Rechtsmittel	—
XVI.	Einwendungen gegen die Vollſtreckung des Urtheils . .	605
XVII.	Die Exekution	—
XVIII.	Die Siſtirung des Verfahrens	611
XIX.	Die Nachklage	—

§. 82. Der Konkurs des Wechſelſchuldners.

I.	Der Einfluß der Konkurseröffnung auf die Geltendmachung einer vorher entſtandenen Wechſelforderung	612
	1. noch nicht fällige Wechſelforderung	—
	2. die dem Wechſel unterliegenden Verhältniſſe	—
	3. Rangordnung der Forderungen	—
	4. Abſonderungsrecht	—
	a. in Betreff der Deckung	—
	b. in Betreff der Valuta	613
	c. Vindikation der Wechſelſumme im Konkurs des Protura-Indoſſatars	—
	d. Vindikation des Wechſels im Konkurs des Protura-Indoſſatars	—
	e. Anſpruch des Wechſelgebers im Konkurs des Nehmers	—
	5. Die Kompenſation	614
	A. Kann ein Schuldner des Kridars mit einer nach der Konkurseröffnung erwachſenen Forderung kompenſiren? . .	—
	B. Kann ein Indoſſant, welcher den Wechſel einlöſte, nach dem Konkurs des Acceptanten mit ſeinem Guthaben an letzteren kompenſiren?	—
	C. Kann der Schuldner der Valuta mit ſeiner Regreßforderung kompenſiren?	—
	6. Verweigerung der Valuta wenn der Wechſelgeber vor Ausfolge des Wechſels in Konkurs geräth	615
	7. Zurückhaltung des Wechſels wenn der Nehmer vor Berichtigung der Valuta in Konkurs geräth	—
	8. Legitimation des Konkurs-Kurators zu Geltendmachung der Wechſelrechte des Schuldners	—
	9. Anfechtung einer dem Kridar geleiſteten Zahlung . . . Desgleichen einer vor Ausbruch des Konkurſes erfolgten Uebertragung des Wechſels	—
	10. Auf die Proteſterhebung iſt der Konkurs ohne Einfluß . .	—
	11. Einfluß des Konkurſes auf den Lauf der Zinſen . . .	616
	12. Einfluß des Konkurſes auf den Lauf der Verjährung . .	—
	13. Der Kridar bleibt wechſelfähig	—
	14. Anſprüche der Konkursmaſſe eines Indoſſanten, welcher den Wechſel im Regreßwege einlöſt	—
	15. Neue Wechſelgeſchäfte des Kurators der Konkursmaſſe	—
II.	Konkurs mehrerer Wechſelintereſſenten	—
	1. Anmeldung bei mehrern Maſſen	—
	2. Zahlung aus einer Maſſe	—

		Seite
3. Berücksichtigung der Forderung in jedem Konkurs		617
Arrangement des Einen Konkurses		—
Anspruch auf Auslieferung des Wechsels		—
III. Ansprüche gegen den Schuldner nach dem Konkurs		618
IV. Forderung der Deckung im Konkurs des Trassanten		—
V. Civilrechtliche Ansprüche an den Bezogenen		—

§. 83. Die Bereicherungsklage und die nicht wechselmäßigen Ansprüche aus Wechseln.

I. Ansprüche, welche im gewöhnlichen (ordentlichen) Prozeß zu verfolgen sind		619
II. Insbesondere die Bereicherungsklage		—
A. wenn der Wechsel präjudizirt ist		621
1. Anspruch gegen den Trassanten		—
2. Bereicherung des Acceptanten oder des Domiziliaten		622
3. Forderung gegen Indossanten		—
4. Worin muß die Bereicherung bestehen?		625
a. nicht in Kursdifferenz u. dgl.		—
b. nicht durch unterliegende Verhältnisse		—
5. Voraussetzungen der Klage		626
6. Die Schadensklage wegen Verschuldung des Präjudizes		—
7. Verjährung der Bereicherungsklage		—
B. Ansprüche in Betreff eines verjährten Wechsels		—

§. 84. Der Eigene Wechsel.

I. Der Aussteller und dessen Wechselversprechen		627
II. Benennung des eigenen Wechsels Solawechsel, uneigentlicher, trockener, todter, Depositowechsel		628
III. Die Erfordernisse des eigenen Wechsels		—
1. Die Wechselklausel		629
2. Die Wechselsumme		—
3. Bezeichnung des Remittenten		630
4. Angabe der Zahlungszeit		—
5. Unterschrift des Ausstellers		—
6. Datum		631
7. Zahlungsort		—
8. Zahlungs-Versprechen		632
9. Angabe in Betreff der Valuta		633
IV. Der Wechsel-Vertrag (das Wechsel-Versprechen)		—
V. Vergleichung des Eigenwechsels mit der Tratte		—
A. Anwendbarkeit der für die Tratte geltenden Rechtssätze		634
B. Grundsätze welche von der Tratte nicht auf den Eigenwechsel übertragbar sind		636
C. Modifizirte Anwendbarkeit einzelner Rechtssätze		—
VI. Papiere, bei welchen zweifelhaft ist, ob sie Tratte oder Eigenwechsel sein sollen		637
VII. Indossirung des Eigenwechsels		—
Rückindossirung an den Aussteller		—
VIII. Intervention. Nothadressen		638
IX. Der unechte Wechsel in Unterschied vom Eigenwechsel		—

Inhaltsverzeichniß.

Seite.

X. Die dem Eigenwechsel unterliegenden Verhältnisse 638
   §. 65. Der domizilirt-eigene Wechsel.
  I. Der bestimmt-domizilirte Wechsel 639
    1. Protesterhebung bei dem Domiziliaten 640
    2. Domizilirung bei dem Inhaber . . . . —
    3. Der Regreß gegen die Indossanten . . . . —
  II. Der unbestimmt domizilirte Eigenwechsel . . . . —
    1. Regreß gegen Indossanten . . . . —
    2. Haftung des Ausstellers . . . . —
  III. Präsentation zur Sicht 641
   §. 66. Der eigene Sicht- und Zeitsichtwechsel.
    Die Zahlungszeit in das Ermessen des Inhabers gestellt —
  I. Der reine Sichtwechsel 642
  II. Der Zeitsichtwechsel . . . . —
    A. Die Präsentation zur Sicht . . . . —
     1. Protesterhebung bei Ausbleiben des Sichtvermerks oder seiner Datirung 643
     2. Beifügung eines spätern Verfalltages . . . . —
    B. Die Präsentation zur Zahlung . . . . —
  III. Der Eigenwechsel auf Kündigung . . . . —
   §. 67. Der Protest und die Verjährung des Eigenwechsels.
  I. Der Protest 643
    1. Der Protest Mangels Annahme . . . . —
    2. Der Protest Mangels Zahlung, dessen Nothwendigkeit . . 644
     a. dem Aussteller gegenüber . . . . —
     b. gegen die Indossanten . . . . —
    3. Zeit und Ort der Protesterhebung . . . . —
  II. Die Verjährung . . . . —
    1. Der Anspruch gegen den Aussteller . . . . —
    2. Die Regreßansprüche 645
    3. Unterbrechung und Wirkung der Verjährung . . . . —
   §. 68. Klagen und Einreden aus dem Eigenwechsel.
  I. Wechselschuldner. Wahlrecht des Klägers 645
  II. Der Wechsel-Gläubiger. Legitimation . . . . —
  III. Die Präsentation als Bedingung des Klagrechts 646
  IV. Die Klagsumme. Zinsen. Kosten . . . . —
  V. Mitaussteller, Wirkung des Vorhandenseins von solchen . . . —
    a. dem Indossatar gegenüber . . . . —
    b. für die Regreßnahme gegen die übrigen . . . . . —
  VI. Der Eigenwechsel als Schuldschein 647
  VII. Befreiungsgründe für den Aussteller. Zulässigkeit von Einreden . . . . —

Anhang. 648
Quellenregister 661
Sachregister 663